KB103857

열여덟을 위한 **철학 캠프**

철학에 눈뜰 때, 멘토들과 함께 문학 고전을 읽다

열여덟을 위한
철학 캠프

정준영, 박민미, 박민철, 서영화, 이순웅, 김성우 지음
KT&G상상마당, 한국철학사상연구회, 프레시안 기획

알렙

나의 길을 찾고 싶은 열여덟이여,
이성을 사용하여 용감하게 철학하라!

"2011년 겨울방학, 문화의 거리 홍대 앞 상상마당에서 나의 길을 찾고 싶은 고등학생들에게 철학과 문학의 시작종이 울려 퍼집니다."

이와 같은 안내문으로 18세를 위한 철학 캠프가 출범했습니다. 70여 명의 고등학생이 여기에 참여했습니다. 여섯 번에 걸쳐 대표적인 문학작품들과 우리 시대의 문제를 엮은 철학 강연이 있었습니다. 논산에 있는 아름다운 상상마당 문화공간에서 1박 2일 캠프도 열렸습니다. 수강 후기가 〈프레시안〉 신문사에 실리는 기쁨을 누린 친구들도 있었습니다.

열여덟 살의 젊은 친구들의 뜨거운 열정이 냉철한 지성을 겸비하는 시간이었습니다. 어디로 갈지 모르는 열여덟 살의 청춘들이 삶의 길을 모색해 보는 시간이죠. 소통과 의미의 놀이 시간도 가졌습니다.

이렇게 지난겨울에 70명의 학생들이 철학으로 서로 대화하고 놀이하며 서로의 상처를 치유했습니다. 공부에 갇히고 학업에 짓눌려 신음하며 자기 내면의 감옥에서 괴로워하는 우리의 고등학생들이 다른 사람의 이야기를 듣고 세상사는 이야기를 들으며 자신과 사회와 세계에 대하여 스스로 생각해 보는 시간을 가졌죠. 또한 자기 삶의 방향에 대한 고민을 통해 삶의 변형과 세계의 변화에 대한 비전을 보았습니다.

짧았지만 강렬했던 철학적 체험을 우리나라의 모든 고등학생들과 나누고 싶어 이렇게 책으로 펴내고자 합니다.

철학은 국영수 중심의 우리 공교육에서는 매우 낯선 단어입니다. 1972년 독재정권이 학생들의 비판적 사고력 향상을 두려워하며 철학을 공교육에서 쫓아내고 대신에 만들어진 과목인 국민윤리로 국민을 우롱하였습니다.

그 이후로 공교육에서는 철학이 기초가 되어야 할 수 있는 논술, 토론, 면접, 독서지도를 할 수 없는 불구의 모습으로 전락하였습니다. 기초가 부실한 공교육에 대한 실망은 조기유학과 기러기 가족을 양산했습니다.

서양 사상을 종합하여 근대적인 사고의 틀을 제시한 18세기 독일의 위대한 철학자인 칸트는 '철학'은 배울 수 있는 것이 아니라고 하였습니다. 대신에 '철학함'은 배울 수 있다고 하였습니다. '철학함'은 철학적 학설을 답습하며 배운 그대로 암기하는 학습이 아닙니다. 그는 자신의 이성을 사용하여 용감하게 생각하는 활동을 '철학함'이라고 본 것입니다. 그래서 철학함은 비판적인 활동입니다.

비판적인 생각의 활동인 철학을 처음 접하는 학생들을 위해 친숙한 문학작품을 선택하였습니다. 기획자들은 삶과 세상 이야기의 소재로 우리나라 사람이면 누구나 알고 있는 허균의 『홍길동전』과, 서양의 이야기와 정신의 원천으로서 트로이 전쟁을 읊은 호메로스의 『일리아스』, 현대 사회의 비극을 그린 조세희 작가의 『난장이가 쏘아올린 작은 공』과 실존주의 작가로 유명한 카프카의 『변신』, 절대적인 아름다움을 탐구한 일본 전후의 대표적인 작가인 미시마 유키오의 『금각사』와, '나를 찾기 위해 나를 찢는' 성장 소설인 헤세의 『데미안』을 골랐습니다.

이 이야기를 통해 철학의 주요한 개념과 주제인 인생의 의미, 현대 사회의 병리적인 현상인 소외, 사회 정의, 자본주의 양극화의 사회적 문제, 아름다움, 자기 자신을 탐구하는 실마리를 삼았습니다.

지식사회에서 목적에 맞게 정보를 가공하여 지식으로 생산해내는 글쓰기의 중요성이 점점 더 커지고 있습니다. 그런데 우리는 흔히 글쓰기를 자신의 생각을 표현하는 것으로 알고 있습니다. 하지만 이러한 표현으로서의 글쓰기 관(觀)에 대한 비판도 있습니다. 현대 프랑스의 대표적인 철학자인 미셸 푸코는 자신의 글쓰기를 다음과 같이 말하고 있어요. "의심의 여지없이 나와 같은 많은 사람이 더 이상 얼굴을 갖지 않기 위해서 글쓰기를 하고 있습니다.

내가 누구인지 묻지 마세요. 그리고 내게 동일하게 남아 있도록 요구하지 마세요."

이 말의 의미는 글쓰기란 자신의 생각을 표현하는 행위가 아니라 자신이 아닌 다른 사람이 되어보려는 실험이라는 것이죠. 자신과 다른 사람이 되기 위해서는 지금의 자신을 부정해야 합니다. 이렇듯 글쓰기는 자신을 죽이는 행위가 됩니다. 자신을 죽인다는 것은 기존의 고정 관념에 물든 자신의 내면의 소리에 머물지 않고, 바깥에서 들려오는 요구에 귀를 기울여야 함을 의미하지요.

바깥의 소리에 귀를 기울이게 되면 이로 인해 문제의식이 생겨납니다. 문제의식이 있어야 글도 생동감이 넘치게 됩니다. 이 글쓰기가 갖는 생동감에 의해 자기 혁신과 사회 혁신도 가능해집니다. 글쓰기는 자신을 바로 세우고 사회도 바로 세우는 단련 과정입니다.

이러한 글쓰기를 하려면 좋은 문학작품을 뛰어난 철학 고전과 함께 읽는 것이 선행되어야 합니다. 글읽기를 못하는 사람이 글쓰기를 잘 할 수 없으니까요.

여기에 이야기를 읽으며 생긴 문제의식을 철학적인 날카로운 개념으로 사고를 다듬는 훈련의 장이 다음과 같이 세워졌습니다. 학생들 여러분이 스스로 사고 훈련을 하시기 바랍니다.

한국의 고등학교 철학 교육을 고민하며

한국철학사상연구회 씀

목차

인생의 의미,
어떻게
볼 것인가?

『일리아스』
호메로스
（숲, 2007）

호메로스의 『일리아스』에서 소크라테스로

정준영

인생의 의미란 과연 무엇일까요?

일찍이 어느 시인은 "왜 사냐건 웃지요."라고 말했다고 합니다. 김상용 시인이 「남(南)으로 창(窓)을 내겠소」에서 한 말이라고 하죠? 많은 이들은 이 시가, 중국의 시인 이백(李白)의 「산중문답(山中問答)」을 패러디한 것으로 보고 있습니다. 「산중문답」의 내용을 볼까요?

왜 푸른 산중에 사느냐고 물어봐도

대답 없이 웃으니 마음이 한가롭다.

복사꽃이 물 따라 흘러 묘연히 떠가니

인간 세상이 아니라 별천지로다.

問余何事棲碧山 笑而不答心自閑 桃花流水杳然去 別有天地非人間.

　이백의 시는 인간의 삶이 자연과 하나가 되는 차원을 이야기하고 있기에, 일반적으로 인생의 의미를 따로 밝힐 필요가 없다는 쪽으로 해석되곤 합니다. 이런 관점에서 설 때는 인생의 의미라는 게 자연스럽게 충족되었기에 굳이 대답할 필요가 없는 것일지도 모르겠습니다. 그러나 김상용 시인의 의도가 어디에 있었든 일상적으로 우리는 '왜 사는가?'에 대해 명확히 답변하기 어려운 것이 사실입니다. 뭐라 답변할지 몰라서, "뭐 그런 걸 다 물어." 하다가 그냥 웃음으로 대신할지도 모르겠습니다. 그런데 이런 태도에는 인생의 의미를 명확하게 붙잡기 어렵다는 암묵적인 태도가 놓여 있을 수도 있겠습니다.

그런데 진짜 문제가 되는 경우가 있습니다. 아예 인생의 의미를 불투명한 것으로 놓고 고민 없이 반성조차 하지 않고 살아갈 때가 아닐까 싶습니다. 인간이란 존재는 본래 삶의 의미를 고민하지 않고는 제대로 살 수 없는 존재인데 말이죠.

그런데 삶의 의미를 고민하지 않는 삶은 아예 살 가치가 없다고 주장한 사람이 있었습니다. 바로 소크라테스라는 철학자입니다. 그는 "성찰되지 않은 삶은 인간에게 살 가치가 없다."(『소크라테스의 변론』 38a)는 단언을 하고 있는데요, 이는 지성적 고찰이 없이는 인생의 의미를 포착할 수조차 없다는 생각에서 비롯된 견해로 보입니다. 이 글에서는 이 같은 소크라테스의 언명이 뜻하는 바를 호메로스의 『일리아스』를 중심으로 고대 그리스의 영웅주의를 통해 예비적으로 이해한 뒤 소크라테스의 의도를 좀 더 심층적으로 접근해 보려 합니다. 이를 위해 먼저 삶의 의미를 바라보는 시각들을 구별하면서 다양한 인생관에 관한 논의를 시작하려 합니다.

이야기를 풀어가기 위해 먼저 고대 그리스의 설화 한 토막을 전해 보도록 하죠. 고대 그리스 신화에는 실레노스(Slilēnos, 디오뉘소스 신을 따라다니는 현명한 신화적 존재. 귀와 발이 말의 형상이며 꼬리도 달렸다고 전함)를 만나 인생의 의미를 묻는 미다스 이야기가 전해집니다. 실레노스의 답변을 각색한 것으로 보이는 비극 작가 소포클레스의 『콜로노스의 오이디푸스』를 인용하면 다음과 같은 이야기가 전해집니다.

> "태어나지 않는 것이 더할 나위 없이 좋은 일이지만, 일단 태어났으면 되도록 빨리 왔던 곳으로 가는 것이 그 다음으로 가장 좋은 일이라오. 경박하고 어리석은 청춘이 지나고 나면 누가 고생으로부터 자유로우며, 누가 노고에서 벗어날 수 있단 말이오?"

실레노스는 인생을 고생스러운 것으로 보고, 제일 좋은 건 아예 태어나지 않는 것이요, 차선책은 빨리 죽는 것이라고 말하고 있습니다. 이런 생각은 인생에는 고생스런 나쁨만 있을 뿐이라는 비관주의적 관점이 놓여 있다고 볼 수 있을 듯합니다. 때로는 이를 인생에는 아예 아무 의미도 없다는 허무주의로 해석해 볼 수도 있겠습니다.

그런가 하면 종교를 믿는 이들은 인간에게 절대적 의미 추구가

가능하다고 이야기하기도 합니다. 대표적으로 기독교는 저 세상의 영생을 이야기하며, 그런 영생은 절대자와의 성스런 만남을 통해 가능한 것으로 이야기합니다. 불교는 색채가 좀 다르지만 역시 고통스러움을 벗어날 수 있는 니르바나(열반)의 경지를 이야기하고 있습니다. 그런데 이런 시각은 이 세상의 세속적 삶 자체에서 의미의 기반을 찾기보다 세속을 초월한 성스런 존재나 성스런 영역을 의미의 기반으로 보고 있습니다. 대부분의 종교적 시각은 인생의 의미를 속세에 두지 않고 속세를 초월한 영역에서 찾는다는 점에서 초월주의적 가치관으로 규정해도 무방할 듯합니다.

그렇다면 우리 앞에 놓인 선택지는 허무 아니면 종교적 의미 둘밖에 없는 것일까요? 그런데 두 입장은 극단적으로 대립하지만, 다른 각도에서 보면 공통점을 가지고 있기도 합니다. 인간 자신이 주체적으로 삶의 의미를 구성할 가능성에 대해 근원적으로는 회의적 태도를 가지고 있기 때문입니다. 결국 삶이란 내가 주인이 되어 나의 삶을 내가 이끄는 것이라고 한다면, 나의 능동적이고 주체적인 노력과 분투를 통해서 의미를 찾는 길은 없는 것일까요? (이런 관점은 현실의 삶 안에서 의미를 찾을 수 있다는 시각이라는 점에서 내재주의라고 부를 수 있을 것입니다.)

그런데 시기에 따라 차이가 있긴 하지만, 대체로 고대 그리스인들은 인간이 능동적인 행동을 통해 삶의 의미를 어떻게 찾을 수 있을까 하는 물음을 끊임없이 던진 사람들입니다. 이런 점에서 "인

경박하고 어리석은 청춘이
지나고 나면 누가
고생으로부터 자유로우며,
누가 노고에서 벗어날 수
있단 말이오?

생의 의미, 어떻게 볼 것인가?"라는 우리의 주제를 고대 그리스 사상을 통해 접근해 볼 단초를 찾을 수 있겠습니다. 이 글에서는 먼저 호메로스의 『일리아스』 내용을 간략하게 소개한 뒤, 그 작품 속에 들어 있는 문제제기를 몇 가지 철학적 개념을 통해 해석한 다음, 소크라테스의 관점이 호메로스적 관점과 연속되는 측면과 단절되는 측면을 구별해서 이야기해 보려 합니다.

철학 시간에 『일리아스』 읽기

우리는 "인생의 의미가 무엇이며 왜 사는 것인가?"를 보통 사춘기 시절에 고민하게 됩니다. 그리고 여러분에게는 아직 머나먼 이야기이겠지만, 사람들은 누구나 죽음을 앞둔 시기에 그런 물음을 다시 묻게들 마련입니다. 사춘기 시절에는 앞으로 살아갈 삶을 어떻게 구성할 것인가를 중심으로 고민한다면, 노년의 시기에는 그동안 살아온 삶을 뒤돌아보며 어떻게 마무리할 것인가를 고민하는 차이는 있겠습니다. 그러나 두 시기에 공통적으로 발견할 수 있는 특징 하나가 있습니다. 사춘기 시절이든 노년의 시절이든 모두 인간으로서 자신의 정체성에 대한 위기를 동반하는 것 같기 때문입니다. "도대체 인간이란 무엇이며, 인간으로 내가 할 수 있는 것은 무엇이고, 또 그것을 통해 내가 도달하려는 목적 내지 의미란 무엇인가? 그리고 나라는 존재는 도대체 어떤 존재인가?" 하고 말입니다.

결국 삶의 의미를 구한다는 건 인간 존재의 성격을 어떻게 볼 것이냐는 것과 깊은 연관성이 있다고 하겠습니다. 그런데 『일리아스』는 문자로 기록된 서양 최초의 문학작품임에도 이미 여기서 다루고 있는 근원적인 질문을 던지고 있으니 놀랍기만 합니다. 흔히 『일리아스』는 '죽음의 시'(『일리아스』는 6보격의 운율을 가진 서사시, 즉 산문이 아니라 운문임)라고 일컬어지는데요, 이는 이 작품이 죽음의 문제를 심각하게 다루고 있기 때문에 붙은 규정이라고 할 수 있습니다. 작품이 배경으로 삼고 있는 것이 트로이아 전쟁인 만큼 죽음을 주제화하고 있다는 건 당연한 일이겠습니다. 그리고 이것은 호메로스의 인간 이해와 깊숙이 연관됩니다. 그럼, 이런 점들을 고려해 가면서 먼저 『일리아스』의 줄거리를 아주 간략히 알아보도록 합시다.

작품 『일리아스』는 트로이아 전쟁을 배경으로 하고 있지만 실은 트로이아 전쟁 전체를 다루고 있지는 않습니다. 『일리아스』를 이끄는 동기(leitmotif)는 아킬레우스의 '분노'입니다. 그리스 연합군의 용사 아킬레우스는, 그리스인들의 총사령관인 아가멤논이 자신을 무시하고 브리세이스라는 여인을 빼앗아 가자 화가 나서 전투 참여를 거부합니다. 나중에 아가멤논은 아킬레우스에게 화해를 청하는 사절단을 보내지만, 아킬레우스는 그마저도 거부합니다. 한동안 그리스군은 아킬레우스 없이도 잘 싸우지만 결국 엄청난 위기에 봉착합니다. 바로 이때 아킬레우스의 사랑하는 부관 파트로클로스가 전투에 참여하게 됩니다. 아킬레우스는 여전히 전투에 참여하지 않지만, 동료들이 죽어 나가는 모습을 고통스러워하는 파트로클로스의 청마저 거절할 수는 없었기 때문입니다. 그러나 전투에 참여한 파트로클로스는 결국에 가서 적국 트로이아의 훌륭한 장수 헥토르에게 죽임을 당하고 맙니다. 여기서 아킬레우스의 분노는 헥토르에게로 향하게 됩니다. 고통스런 원한의 감정 속에 아킬레우스는 헥토르와 결투를 벌여 결국 승리를 거두고, 파트로클로스의 원수를 갚습니다. 그럼에도 분이 풀리지 않은 아킬레우스는 헥토르의 시신을 전차에 매단 채 트로이아 성벽 주위를 돌며 가혹하게 대합니다. 그러고 나서 그리스 연합군 측에서는 아킬레우스 주도로 파트로클로스의 장례식과 장례 기념 경기가 열리게 됩니다. 그리고 신들의 중재를 통해 아킬레우스는 헥토르의 아버지인 프리아모스와 만나 그에게 깊은 연민을 느끼며 헥토르의 시신을 돌려줍니다. 작품은 프리아모스가 돌아와 헥토르의 장례를 치르는 것으로 마무리됩니다.

줄거리만 보면 별것 아닌 것 같은 이 작품에 무슨 대단한 이야기가 숨어 있는 것일까요? 이를 이해하기 위해 일단 『일리아스』의 기본적인 작품 성격부터 알아나가 보도록 합시다. 호메로스의 『일리아스』는 영웅 서사시입니다. 따라서 우리가 호메로스의 가르침으로 자연스럽게 연상할 수 있는 것은 영웅들의 영웅적 활동, 즉 승리와 성공에 대한 이야기입니다. 실상 우리는 영웅 하면 무슨 성공 신화의 대명사처럼 여기지 않습니까? 이런 영웅 개념에 따르면 영웅적 존재는 어떤 난관이든 아무 어려움 없이 수월하게 헤쳐 나갈 수 있는 전능한 존재인 듯이 보일 것입니다.

그러나 『일리아스』의 영웅들이 언제나 모든 난관을 쉽게 헤쳐나가며 눈부신 행적만을 보이는 건 결코 아닙니다. 아가멤논은 자신의 권위만 내세우다 결국 수치스러운 꼴을 당하며, 아킬레우스는 아가멤논에게 당한 모욕에 화를 내다가 분을 이기지 못해 전쟁터에 나가지도 않습니다. 그리고 자신의 부관인 파트로클로스의 죽음에 어린아이처럼 줄줄 눈물을 흘리기도 합니다. 그런가 하면 트로이아의 영웅인 헥토르는 아킬레우스와 벌이게 될 결투에 앞서 두려움에 움츠리기도 합니다. 이런 모습은 우리가 영웅에게서 기대하는 모습과는 판이하게 다르죠. 여기에 『일리아스』를 단순한 영웅 무훈시로만 보면 안 되는 까닭이 있다고 할 수 있습니다. 『일리아스』에서 묘사되는 영웅들은 잘나기만 한 '신적인' 영웅이 아니라 뭔가 빈 데가 있는 '인간적인' 영웅이기 때문입니다. 이런 측면을 고려하면 우리는 호메로스가 『일리아스』를 통해 영웅들의 잘난 면모 '만'을 그리고 있다는 선입견부터 버려야 합니다.

사실 호메로스는 작품 속에서 수백 번의 전투 장면을 묘사하고 있습니다. 그렇기에 『일리아스』가 처음부터 끝까지 죽음을 노래하고 있다는 것을 우리는 손쉽게 알아챌 수 있게 됩니다. 시인(호메로스)은 곳곳에서 죽음의 전장을 묘사합니다. 전사들이 흘린 피가 시내를 이루고 돌이 힘줄과 뼈를 박살내며 창이 관자놀이를 관통하고 창자가 땅 위로 쏟아지는 이야기와 표현들이 텍스트를 뒤덮고 있습니다. (죽음이 마치 눈앞에서 일어나듯 생생하게 시각화하는 것이 호메로스의 특징이기도 합니다.) 이런 점 때문에 일찍이 라인하르트(Reinhardt)는 『일리아스』를 "처음부터 끝까지 죽음의 시"라고 규정하기도 했던 것입니다. 여기에 시인이 드러내려는 핵심이 있다고 할 수 있습니다.

인간은 영웅이라고 해도 신이 아니기 때문에 죽을 수밖에 없는 존재(thanatos)입니다. 신의 몫이 불멸이라면, 인간의 몫(moira)은 피할 수 없는 죽음(moira)이라는 것입니다. 그리고 그것이 바로 인간의 운명(moira)이라는 것이 시인뿐만 아니라 작품에 등장하는 인물들이 공유하는 인간관입니다. 여기서 괄호로 단 고대 그리스어 'moira'는 한 낱말이 세 가지 의미를 동시에 뜻하고 있습니다. 인간의 '몫'은 '죽음'이고 그 죽음은 피할 수 없는 '운명'이라는 것이지요. 인간에 대한 이런 자각은 그리스 전통에 깊게 깔려 있는 관점입니다. 신은 태어나도 죽지 않는 불멸의 존재인 데 반해, 인간은 태어나서 죽음을 맞이할 수밖에 없는 필멸의 존재라는 시각 말입니다.

고대 그리스어로 '운명'을 뜻하는 다른 낱말들도 있지만, 특히 『일리아스』에서는 'moira'라는 낱말이 의미심장합니다. 거친 스케치이긴 하지만, 이 낱말을 통해 우리는 『일리아스』가 보여주는 관점이 '운명론(fatalism)'적 관점임을 짐작할 수 있습니다. 운명론은 인간의 삶에서 인간이 어쩔 수 없고 피할 수도 없는 측면이 있다는 것을 받아들이는 인생관입니다. 따라서 운명에 관한 한, 인간은 능동적으로 무엇인가를 해볼 도리가 없는 것처럼 보일 수도 있겠습니다. 또한 그렇기 때문에 운명론적 인생관을 가진 사람은 수동적인 태도로 삶에 임할 것만 같습니다.

그러나 바로 여기서 시인이 제기하는 문제가 등장합니다. 왜냐하면 운명론적 관점을 받아들이는 인간들이라면 소극적 태도로 살아가야 할 것 같은데, 『일리아스』에 등장하는 상당수의 용사들은 적극적으로 나서서 용감하게 싸우는 인간의 모습을 보여주고 있고, 또 작품 속의 사람들은 그런 용사들을 칭송하기 때문입니다. 이것이, 『일리아스』를 깊이 이해하고자 할 때 우리에게 던져지는 철학적 차원의 문제입니다. 삶에서 어쩔 수 없는 수동성을 받아들인 존재가 어떻게 적극적인 능동성을 보일 수 있느냐는 물음, 바로 그것이 되겠습니다. 왜냐하면 개념적으로 수동성과 능동성은 대립적인데, 이런 대립적 측면이 호메로스 영웅들에게서는 동시에 보이는 것 같기 때문입니다. 이런 대립된 측면은 단순히 문학적 이해로만 해소될 수 없을 문제이며, 그런 측면에서 철학적 해석이 필요한 대목입니다.

흔히 우리 인간은 자유롭다고들 합니다. 그러나 아주 상식적인 것 같은 이런 가정도 따지고 보면 논란이 될 가능성이 높습니다. 설사 인간이 자유롭다고 해도 그때의 자유가 어떤 자유인가도 심각한 문제입니다. 이를테면 내가 자유롭다면 나는 내가 하고 싶은 것이면 무엇이든 할 수 있을까요? 예를 들어 하늘을 날고 싶다고 해서 이카로스처럼 날아갈 수가 있을까요? 혹은 요사이 TV 드라마에 등장하는 퓨전 사극에서처럼 과거로 시간여행을 할 수 있을까요? 우리는 이런 일이 불가능하다는 것을 알고 있습니다. 인간의 자유는 자연적 필연의 한계를 넘을 수 없기 때문이지요.

　더 나아가 우리 인간 중에서 태어나고 싶어서 태어난 사람이 단한 사람이라도 있는가요? 그런가 하면 진시황처럼 영생하고 싶어 불로초를 찾는 사람이 지금의 현실 속에 있는가요? (자살이란 예외적인 경우를 빼면) 인간 삶에서 태어남과 죽음은 우리가 주체적으로

조정(control)할 수 있는 영역이 아닙니다. 이런 점에서 인간은 결코 무한하게 자유로운 존재가 아닙니다. 이런 상식을 받아들이고 보면 현재의 우리와 호메로스적 영웅들 간에 최소한의 의견 일치는 볼 수 있을 듯합니다. 인간의 삶에는 인간이 어쩌지 못하는 한계가 있다고 말입니다. 다만 차이점은 현대의 우리가 인간의 자유를 우선적으로 초점에 두고 있다면, 호메로스적 영웅들은 인간의 한계에 초점을 두고 있고, 특히 그런 한계를 신적 차원에서 주어지는 운명으로 간주한다는 데 있습니다. 그렇지만 최소한 인간의 삶에 어쩔 수 없는 한계로서 수동적 차원이 놓여 있다는 데 동의를 한다면, 이제 호메로스 영웅들의 행위 방식을 살펴보는 문제가 그저 옛이야기만의 문제로 그친다고 볼 수는 없을 것 같습니다.

이미 앞에서 이야기했듯이, 호메로스 영웅들은 운명론적 관점을 가지고 있습니다. 사실 호메로스 이후에도 운명론적 관점의 인생관은 고대 그리스인들에게 뿌리 깊은 영향을 미칩니다. 그 때문에 고대 그리스 문헌을 보면 인간을 바람에 흔들리는 연약한 '나뭇잎'에 빗대거나 '하루살이' 같은 존재에 빗대는 경우도 곧잘 보게 됩니다. (호메로스보다 후대 사람이긴 하지만) 특히 기원전 6세기의 솔론에게서 이 같은 인간의 한계에 주목하는 '소극적' 운명론(negative fatalism)의 시각을 볼 수 있습니다.(나중에 이야기하겠지만 솔론식의 운명론은 호메로스식의 운명론과는 차이가 있습니다.) 다음의 이야기는 헤로도토스의 『역사』 1권 30-33절에 전해지는 이야기입니다.

아테네 사람이었던 솔론이 외유 중이었는데, 한때 뤼디아라는 왕국의 왕인 크로이소스를 방문하게 되었다고 합니다. 크로이소스는 시종들을 시켜 자신의 보물창고들을 보여주게 하고서 솔론에게 이 세상에서 가장 행복한 사람이 누구인가를 물었다고 합니다. 그런데 솔론이 가장 행복한 사람으로 거론한 자는 첫 번째도 두 번째도 모두 이미 세상을 떠난 사람들이었다고 합니다. 기다리다 못한 크로이소스는 "나를 그런 평범한 자들보다 못하다고 여기다니 당신은 내 행복은 완전히 무시하는 겁니까?"라고 반문했다고 합니다. 이에 솔론은, "인간이란 전적으로 우연의 산물입니다. (……) 저는 왕께서 행복하게 생을 마감했다는 것을 알기 전에는 물음에 답할 수가 없습니다. (……) 무슨 일이든 그 결말이 어떻게 되는지 눈여겨보아야 합니다. 신께서 행복의 그림자를 언뜻 보여주시다가 파멸의 구렁텅이에 빠뜨리시는 경우가 비일비재하니까요." 하고 답변했다고 합니다.

솔론의 시각은 어떤 사람이 행복한가 여부는 그가 살아 있는 동안에는 판단할 수가 없고 죽은 다음에야 할 수 있다는 관점을 보여줍니다. 인간의 삶에 행운이 오는가, 불운이 오는가는 인간 자신에 의해 결정될 수 없다고 보기 때문입니다. 이런 점에서 솔론의 관점은 인생에 좋음이 실현되는 문제를 근본적으로는 인간 능력 밖의 문제로 보고 있다고 할 수 있을 것입니다. 그렇기에 솔론식의 운명론은 인간에게서 능동성이 아닌 수동성을 주목하고 있는 관점이라고 하겠습니다. 그렇다면 호메로스 영웅들의 경우도 운명론의 관점을 취하니까 비슷하게 이해해야 할까요? 그러나 호메로스 영웅들이 일차적으로 운명, 특히 죽음이라는 운명에 주목했다고 해서 그들이 수동적인 태도로 삶을 임하는 것 같지는 않습니다. 도대체 이 차이를 어떻게 보아야 할까요?

우선 이런 차이를 개념적으로 구별해 내기 위해서는 운명론과 결정론(determinism)의 차이부터 이해할 필요가 있겠습니다. 경우에 따라서는 운명론과 결정론이 구별되지 않고 이해되는 경우도 있지만, 적어도 호메로스 영웅들의 운명론은 결정론적 입장으로 간주하기 어려운 측면이 있습니다. 결정론을 간략히 규정한다면, 아마 "현재의 상태는 선행하는 상태에 의해 인과적으로 결정되어 있기에 현재의 상태는 선행 상태의 필연적 결과라는 견해"쯤으로 이해할 수 있을 것입니다. 우리는 철학자들이 논란을 벌이는 어려운 문제들을 괄호치고 상식적인 차원에서 접근해 보도록 하죠. 결정론이 맞는다면, 다시 말해 지금 현재의 모든 일이 선행하는 일들에 의해 결정된다면, 아마 인간에게는 자유가 불가능할 것 같습니다. 따라서 이런 시각에서 인간의 주체적 능동성을 기대하기는 어려워 보입니다. 그러나 호메로스 영웅들은 운명이 '주어져 있다'는 것을 인정하면서도 인생의 모든 일들이 선행하는 원인에 의해 결정되어 있다는 입장을 가진 것은 아니었던 것으로 보입니다. 이를테면 다음과 같은 아킬레우스의 언급을 보도록 하죠.

"나의 어머니 은족의 여신 테티스께서 내게 말씀하시기를, 두 가지 상반된 죽음의 운명이 나를 죽음의 종말로 인도할 것이라고 하셨소. 내가 이곳에 머물러 트로이아인들의 도시를 포위한다면 고향으로 돌아가는 길은 막힐 것이나 내 명성(kleos)은 불멸할(aphthiton) 것이오. 하나 내가 사랑하는 고향 땅으로 돌아간다면 나의 높은 명성은 사라질 것이나 내 수명은 길어지고 죽음의 종말이 나를 일찍 찾아오지는 않을 것이오."(『일리아스』, IX. 410~416)

아킬레우스에게는 두 가지 운명의 길이 놓여 있습니다. 우리식으로 좀 속되게 표현하자면 '굵고 짧게 사는 길'과 '가늘고 길게 사는 길'이 놓여 있습니다. 아킬레우스에게 두 선택지밖에 없다는 것은 운명으로 주어져 있습니다. 그러나 두 길 중 굵고 짧게 사는 길을 선택하는 것은 전적으로 아킬레우스의 의지입니다. 호메로스 영웅들에게 '운명'이란 개념이 아주 엄밀한 것은 아니지만, 그들이 믿고 있던 운명론은 인생의 모든 일이 선행하는 원인에 의해 미리 결정되어 있다는 결정론적 시각은 결코 아니었다고 할 수 있겠습니다. 내게 주어진 삶의 '몫'은 인간의 한계 때문에 어찌할 수가 없는 것이지만, 그런 가운데서도 인간이 능동적으로 행동할 수 있는 실낱같은 가능성을 영웅들은 주목하고 있기 때문입니다. 호메로스 영웅들의 생각이 그렇다는 것을 우리는 바로 죽음이 펼쳐지는 전장에 대한 그들의 시각을 통해 이해할 수 있습니다.

호메로스 영웅들은 죽음이 난무하는 전장을 "남자의 영광을 높여주는 싸움터"(『일리아스』, XII. 324)로 여깁니다. 그곳에서 적을 무찌르고 승리를 거둘 수 있기 때문에 그렇게 생각했을 것입니다. 영웅들은 죽음(의 전장)을, 전사의 탁월성(aretē)이 꽃필 수 있는 터전으로 생각했던 셈입니다. 즉 전사로서 인간이 지닌 가능성을 능동적으로 펼칠 수 있는 장으로 생각했던 것입니다. 그러나 우리의 어려운 문제가 아직까지는 온전하게 해결된 것이 아닙니다. 영웅들의 이런 생각들이 어떻게 일관된 것일 수 있을까는 아직도 오리무중이기 때문입니다. 사실 앞에서 우리는 『일리아스』가 승리만 이야기하는 무훈가는 아니라고 해석했습니다. 시인은 승리만큼이나 패배에 대해, 그리고 그 패배에서 비롯되는 고통에 대해 세부적인 묘사를 하고 있기 때문입니다. 그렇다면 『일리아스』는 영웅 서사시이면서 어떻게 죽음과 파멸을 노래하는 시일 수 있는 것일까요? (통속적인 영웅 개념으로는 도통 이해할 수 없는 이야기인 것이지요.) 다시 말해 인간의 탁월한 능동성과 어쩔 수 없는 죽음이라는 수동성을 동시에 받아들이는 관점이 어떻게 하나의 일관된 인생관으로 귀결될 수 있는 것일까요?

독자를 더욱 곤혹스럽게 하는 것은 등장인물들이 보이는 죽음에 대한 인식에 있습니다. 이를테면 헥토르는 아킬레우스와 벌일 결투를 앞두고, 협상하는 쪽과 맞서 싸우는 쪽 중 어느 쪽을 선택할까 고민합니다. 그는 후자를 선택하면서 "영광스럽게 죽는 것

헥토르의 시신을 마차에 매달아 땅에 끌고 트로이 성 앞을 도는 아킬레우스.

(olesthai eukleiôs)이 더 나을 것"(『일리아스』, XXII. 110)이라고 말합니다. 그런데 어찌 보면 이것은 형용모순처럼 보입니다. 이때의 죽음이란 패배를 뜻하기 때문에 영광스러운 죽음이란 다름 아니라 '명예로운 패배'를 뜻하니 말입니다. 패배가 어떻게 명예로울 수 있단 말입니까?

또 하나 해석하기 어려운 경우는 앞서 인용한 아킬레우스의 선택에서 볼 수 있습니다. 아킬레우스는 전쟁터에 나가 싸우다 죽는 길과 전쟁터에 나가지 않고 고향으로 돌아가는 길 중 전자의 길, 즉 죽는 길을 택할 경우 자신의 명성(kleos)이 불멸할(aphthiton) 것이라고 말합니다. 아킬레우스는 자신의 명성이 죽음을 통해 실현되는 양 말하고 있습니다. '불멸의 명성'이 죽음이란 소멸을 통해 달성된다는 이야기인 것일까요?

겉보기에는 손쉽게 이해될 수 있을 것 같은 『일리아스』가 이제 우리에게 세 가지 어려운 문제를 제기하고 있음을 알게 되었습니다. (1) 인생의 수동성을 받아들이면서 어떻게 인간의 능동성을 인정할 수 있는가? (2) 패배를 어떻게 영광스런 것으로 형용할 수 있는가? (3) 죽음이란 소멸을 통해 어떻게 불멸의 명성이 성립될 수 있는가?

여기서 우리는 (1)의 문제에 대해서는 예비적인 답변의 가능성을 엿보았습니다. 그러나 (2)와 (3)의 문제에 대한 답변을 얻어낼 때만 (1)에 대한 심층적인 답변도 얻어낼 수가 있습니다. 이제 왜 그런가를 탐문해 볼 때입니다.

호메로스적 영웅들이 추구한 인생의 의미란?

역설적으로 보이는 영웅들의 태도를 이해하려면 먼저 모든 인간의 삶이 영원한 것이 아니라는 것을 자각할 필요가 있습니다. 모든 생명체는 언젠가 죽기 마련입니다. 이런 점에서 생명체의 삶은 근원적으로는 죽음을 안고 있는 것으로 볼 수 있습니다. 좀 어렵긴 하지만, 이런 측면을 주목했던 한 철학자의 논의를 들여다보도록 합시다.

> "존재와 비존재 사이를 떠도는 생명체는 오로지 조건부적인 존재이며 언제든지 존재를 박탈당할 수 있는 상황에 처해 있다. (……) 생명이 죽는다는 사실은 생명에게는 근본적인 모순이지만, 이 사실이야말로 생명의 본질에 속하고 또 죽음이 없는 생명은 있을 수도 없다. 생명임에도 불구하고 죽어야 하는 것이 아니라, 생명이기 때문에 죽어야 한다."
> (한스 요나스(Hans Jonas), 『생명의 원리』)

우리는 요나스의 설명을 통해 일반적인 생명체의 존재 자체에 죽음이 본질적으로 관계된다는 것을 인식할 수 있게 됩니다. 죽음과 삶이 개념상으로는 대립적이지만, 실존하는 생명에는 본질적으로 죽음이 내재해 있다는 것입니다. 이런 점은 인간의 경우에도 마찬가지입니다. 그런데 다른 동물과 달리 인간에게 고유한 특징이 있습니다. 인간에게는 죽음을 미리 앞당겨 생각할 수 있는 사유의 힘이 있습니다. 바로 이런 계기가 호메로스 영웅들에게도 작용합니다.

우리는 호메로스 영웅들이 죽음을 삶 밖에 놓인 대립물로, 즉 타자로만 보고 있지 않다고 이해해 볼 필요가 있습니다. 다시 말해 영웅들은 죽음 자체를 삶의 조건 내지 일부로 보았던 것 같습니다. 죽을 줄 '알면서도' 전사답게 싸우다 쓰러져 죽는 것, 이것을 이상으로 삼은 데 영웅들의 진면목이 있기 때문입니다. 이런 가치관은 실패(패배)를 두려워하기보다 죽음이라는 리스크(risk)를 무릅쓰고 자신의 온 존재를 던지려는 태도 속에서 가능할 것입니다. 이런 점에서 호메로스의 영웅들은 단순한 운명론자도 아니며 수동적인 존재들인 것은 더더욱 아닙니다. 이렇게 볼 때 호메로스 영웅들이 '행동하는 능동적 존재(men of action)'였다는 20세기 중반의 고전 학자 바우라(Bowra)의 통찰은 몇 십 년이 지나도 퇴색되지 않는 생생한 울림을 가집니다. 이런 해석을 받아들일 때, 우리는 영웅들의 가치관을, 솔론의 운명론과 달리 '적극적' 운명론(positive fatalism)

이라고 규정할 수 있을 것입니다.

영웅들이 죽을 줄 알면서 죽음의 길을 택하는 건, 죽음이란 운명의 몫에 굴하지 않고 인간의 모든 능동성을 펼쳐 보이려는 태도 속에서 가능했을 것입니다. 여기에 그리스 영웅주의의 일차적 본질이 있습니다. 영웅들이 죽음을 두려워하지 않았다는 건 그들이 죽음을 삶의 일부로 내면화했다는 것을 시사하며, 죽음 자체보다는 '어떻게' 죽느냐가 더 문제였음을 시사합니다. 죽음을 내면화한 그들에게 '어떻게 죽느냐'는 것은 일종의 삶의 방식을 뜻했습니다. '비겁하게' 오래 사는 것보다는 '용감하게' 싸우다 죽는 것, 그 속에서 탁월성을 꽃피우는 것, 그것이 그들의 이상이었던 것입니다. (이것은 행위의 의미를 성공이나 실패라는 결과의 관점에서만 보지 않고, 행위자가 수행하는 행위 방식과 연관 지어 보았음을 암시합니다. '용감한 방식의(용감하게)' 행위는 행위자와 연관될 때, 그리고 그 행위자가 수행하는 행위 방식과 연관될 때만 유의미할 수 있기 때문입니다. 다시 말해 '용기'와 '비겁'은 행위자와 연관된 행위 방식을 고려하지 않고는 '실질적으로' 구별되지 않습니다.) 그들은 죽음 앞에서도 자신의 '자긍심'과 '품위(aidōs)'를 잃지 않았던 것입니다. 바로 이 점에 영웅들의 위대함이 있습니다. 후대의 아리스토텔레스는 겉으로 보면 형용모순으로 보이는 이런 인생관을 압축적으로 멋지게 묘사합니다. '아름다운 죽음(kalos thanatos)'이라고!(『니코마코스 윤리학』, 1115a34.)

정리하자면 호메로스 영웅들은 단순히 승리라는 결과에만 주목하는 것이 아니라, 헥토르가 보여주듯, 때로는 질 줄(즉 죽을 줄) 알면서도 용감하게 싸우다 죽는 것을 영웅답고 영광스러운 것으로 생각했습니다. 이것은 성공(승리)에 주목하는 결과주의적 관점이 아니라, '용감하게'와 같은 행위 방식에 해당되는 '부사(副詞)'에 주목하는 관점의 인생관입니다. 우리는 때로 인생에서 결과만 중요한 것이 아니라 과정도 중요하다는 이야기를 할 때가 있는데요, 어찌 보면 호메로스 영웅들은 용감하게 싸우는 과정의 의미를 발견한 사람들이라고도 할 수 있겠습니다. 이런 점에서 겉으로 보면 형용모순인 '영광스럽게 죽는 것'이란 표현 속에는 영웅다운 행위 '방식'을 주목하는 가치관이 숨어 있음을 알 수 있습니다. 그들이 이렇게 부사에 주목할 수 있었던 건, 역설적으로 좋음의 가치가 인생에 실현되는 데는 인간의 한계가 놓여 있다는 운명론의 관점이 깔려 있었기 때문으로 보입니다. 이로써 우리는 앞에서 제기한 (2)의 물음에 대해 답변할 수 있게 되었습니다. 그렇다면 죽음과 불멸의 명성을 연관 짓는 (3)의 문제는 어떻게 보아야 할까요?

사실 앞에서 시사했듯이 영웅들이 추구한 가치는 명성(kleos) 내지 명예(timē)였습니다. 명성이나 명예는 그런 가치를 부여하는 사람들, 좀 더 정확히 말해서 공동체를 전제합니다. 영웅들은 공동체를 위해 목숨을 걸고, 공동체는 그에 대한 대가로 명예와 상을 부여하는 관계를 맺고 있었다고 할 수 있습니다. 그리고 아킬레우스가 말하는 '불멸의 명성'이란 전쟁 상황에서 명예를 얻을 수 있는 조건을 전제하고 있습니다. 설사 죽임을 당하더라도 용감하게 싸우다 죽은 전사를 추모하며 기억하고 기리는 문화는 인류 역사 곳곳에서 발견할 수 있으니까요. 고대 아테네에는 그런 전사를 기리는 무덤으로 케라미코스가 있었고, 현재의 우리에게는 국립묘지가 있듯이 말입니다.

이런 점에서 호메로스 영웅들은 적극적 운명론의 관점에서 삶의 행위 방식을 주목한 인생관을 지녔으며, 그들이 인생의 의미로 염두에 두었던 건, 바로 사람들에게 기억되는 명성이었다고 할 수 있겠습니다. 그런 인생관은 추억해 줄 사람들의 공동체를 전제한다는 점에서 초월주의적 인생관과 구별되는 인간주의적 측면이 있다고 할 수 있죠. 호랑이는 죽어서 가죽을 남기고 사람은 이름을 남긴다는 우리의 속담도 바로 그런 관점과 유사성을 가지는 이야기가 되지 않을까 싶습니다.

소크라테스, 인생의 의미를 새롭게 발견하다!

지금까지의 이야기를 정리하면 영웅적 삶이란 죽을 줄 알면서 죽음을 불사하고 용감하게 싸우는 삶이라고 할 수 있겠습니다. "살고자 하면 죽을 것이요, 죽고자 하면 살 것이다(生卽死, 死卽生)"라고 했던 이순신 장군의 말도 이와 비슷한 맥락에서 이해해 볼 수 있지 않을까 싶습니다.

그러나 호메로스적 영웅들의 가치관을 마냥 긍정적으로만 볼 수 없는 측면도 있습니다. 내가 속한 공동체가 정의롭다면 그런 공동체 안에서 긍정되는 가치를 추구하다 목숨을 잃고 명성을 얻으며 추억되는 삶은 그 나름으로 살 만한 가치가 있을 것입니다. 그러나 이런 가치는 어디까지나 공동체에 따라 상대적이라는 한계를 지닐 수 있습니다. 예를 들어 일제강점기 일본군의 가미가제(神風) 특공대는 일본에 대한 애국심 속에서 스스로 자살을 선택했고, 당시 일본인들에게는 명예의 대상이었습니다. 그러나 그들이 한 행동을 좀 더 보편적 관점에서 보면, 정당화될 수 없는 군국주의적 행태에 지나지 않습니다. (물론 가미가제 특공대 일원들도 어떤 측면에서는 군국주의의 희생양으로 볼 수도 있겠지만 말입니다.) 이런 점에서 우리는 어떤 경우에는 공동체적 가치만을 추구하는 것을 비판적으로 바라볼 필요도 있겠습니다. 그리고 미리 결론을 앞당겨 이야기하자면, 소크라테스는 (공동체 자체를 부정한 것은 아니지만) 공동체에 한정된 가치를 넘어 훨씬 더 보편적인 가치를 추구하고 또 발견하기도 합니다. 그런데 이 같은 소크라테스의 삶과 사상에는 호메로스적 전통과 연속된 측면도 있고 단절된 측면도 있기에 조심스럽게 접근할 필요가 있습니다.

흔히 소크라테스 하면 떠오르는 말로 "너 자신을 알라!"라는 말이 있습니다. 그러나 이 말이 가지는 깊은 뜻이 무엇인지 아는 사람을 찾기란 쉽지 않습니다. 아주 거칠게 이야기하자면, 소크라테스는 그런 이야기를 하다가 불경죄의 죄목과 함께 젊은이들을 타락시켰다는 이유로 기소되어 사형선고를 받고 결국 독배를 마시며 이 세상을 떠나게 됩니다. 이런 간단한 이야기만 보아서는 도대체 소크라테스가 왜 그렇게 대단한 사람인지, 또 서양철학사에서 왜 그렇게 중시되는가를 알 길이 없습니다. 이런 세간의 한계를 인식하면서 우리의 주제와 관련해서 소크라테스를 해석하기 위해 먼저 다음의 언급을 주목해 보도록 합시다.

"제가 생각하기로는 아킬레우스에게 여신인 그 어머니가 대강 이런 말을 했습니다. '애야, 만약에 네가 네 친구 파트로클로스의 죽음에 대해 원수를 갚느라고 헥토르를 죽이게 된다면, 너 자신이 죽느니라. 헥토르 다음에는 바로 너에게 죽음의 운명이 준비되어 있기 때문이야.' 하고 말입니다. 그러나 이를 듣고도 아킬레우스는 죽음과 위험은 대수롭지 않게 여긴 반면, 못난 사람으로 사는 것을 (……) 훨씬 더 두려워했습니다."(『소크라테스의 변론』, 28c)

위의 인용문은 기소를 당한 소크라테스가 아테네 법정에서 자신을 변론하면서 하는 이야기 가운데 한 대목입니다. 소크라테스는 자신이 평생 동안 심혈을 기울인 지혜사랑(philosophia)의 삶이 궤변을 일삼는 소피스트의 방식으로 오해받는 것을 비판한 뒤, 자신의 삶의 태도를 아킬레우스에 빗대고 있습니다. 이런 대목을 통해 우리는 소크라테스가, 마치 아킬레우스처럼, 자신이 죽을 줄 알면서 죽음과 위험을 대수롭게 생각지 않고, 오히려 못난 사람으로 사는 것을 두려워했음을 알 수 있습니다. 여기서 우리는 호메로스적 전통이 소크라테스에게까지 이어진다는 것을 알 수 있습니다. 소크라테스는 아킬레우스처럼 죽음을 두려워하지 않고 자신이 확신하는 가치를 추구했기 때문입니다.

그러나 소크라테스가 추구한 가치는 공동체의 인정(認定)에 해당되는 명예가 아니었습니다. 그가 추구한 가치는 바로 진리 자체

소크라테스는
아킬레우스처럼
죽음을 두려워하지 않고
자신이 확신하는
가치를 추구했다.

였기 때문입니다. 그리고 그런 진리를 추구하는 활동을 그는 '철학' 내지 '지혜사랑'으로 옮길 수 있는 'philosophia'로 부릅니다. 그렇다면 이런 진리 추구가 도대체 인생의 의미를 추구하는 것과 어떤 연관을 가질까요? 우리는 상식적으로 지적 호기심을 가진 사람들이 진리를 탐구하는 경우를 떠올려볼 수 있습니다. 그러나 이런 경우 진리의 가치는 도덕적 차원과는 무관한 것으로 이해될 수도 있습니다. 예를 들어 물리학자들이 자연의 진리를 탐구할 경우 그때의 진리는 도덕적 차원과는 무관합니다. 그런 방식의 진리 추구는 지적 호기심을 가진 사람들의 인생에서 의미를 부여받을 수는 있겠지만, 인간이 추구해야 할 인생의 보편적 가치라고 단정하기는 어려워집니다.

소크라테스가 추구한 진리는 이같이 자연을 대상으로 한 진리가 아니라 삶 자체의 진리에 관한 것이었습니다. 좀 어려운 이야기겠지만, 그는 인생을 이끌 수 있는 진정한 힘의 원천이 영혼(psychē)에 있다고 보고 있습니다. 그리고 이런 맥락에서 '영혼에 대한 돌봄'을 강조합니다. "너 자신을 알라!"라는 경구를 자기 철학의 모토처럼 쓰는 것도 바로 영혼이 가진 가능성에 대한 인식을 통해 영혼을 돌볼 수 있게 된다는 확신 때문이었습니다. 알고 보면 소크라테스가 "성찰되지 않은 삶은 인간에게 살 가치가 없다."는 식의 지성주의적 발언을 한 것도, 지혜사랑을 통해 영혼의 가능성을 인식하고 그것을 사용할 때 진정으로 훌륭한 영혼을 갖출 수 있다고 보기 때문이었습니다. 이때 소크라테스가 가지고 있는 확신의 정도가 어떠했는가를 알아보기 위해 다음과 같은 『소크라테스의 변론』편의 일부(30c-d)를 인용해 보기로 합니다.

"멜레토스도 아뉘토스도 결코 저를 해치지 못할 것입니다. 그렇게 할 수가 없을 테니까요. 왜냐하면 내 생각으로는 더 훌륭한 사람이 더 못한 사람한테 해를 입는다는 건 가당치 않기 때문입니다. 물론 아마 저를 사형에 처하거나 추방하거나 아니면 시민권을 박탈할 수도 있겠지요. 아마 이 사람이나 다른 누군가도 이것들을 분명 크게 나쁜 일로 생각하겠지만, 전 그렇게 생각지 않습니다."

이 간단한 언급에는 생각할 거리들이 많이 들어 있습니다. 여기서 멜레토스와 아뉘토스는 소크라테스를 기소한 사람들입니다. 소크라테스는 그들이 자신을 기소함으로써 결국 자신이 사형까지 당할 수 있다는 것을 알고 있습니다. 그럼에도 소크라테스는 그들이 자신들에게 해를 끼치지 못할 것이라고 단언합니다. 이런 언급은 상식적으로 납득하기가 정말 어려운 주장입니다. 왜냐하면 그들 때문에 죽임을 당하게 된다면 그것이야말로 해를 입은 것으로 볼 수 있기 때문입니다. 도대체 소크라테스의 심중에는 무슨 생각이 숨어 있었던 것일까요?

고대 그리스인들은 일반적으로 인생의 목적을 '행복(eudaimonia)'이라고 보았습니다. 그리고 이를 그리스인들은 '잘 사는 것(eu prattein)'으로 곧잘 이해하기도 합니다. 여기까지는 소크라테스도 동의합니다. 그러나 진정한 의미에서 잘 산다는 건 무엇일까요? 일상의 한국어로 '잘 산다'는 것은 돈이 많은 경우를 가리킵니다. 고대 고전기의 그리스에서도 그런 가치관을 가진 사람들이 있기도 했습니다. 또 어떤 이들은 정치 권력을 마음대로 행사하는 경우를 잘 사는 것으로 보기도 했고, 또 호메로스적 영웅들처럼 공동체의 인정을 받는 명예로운 경우를 잘 사는 것으로 보기도 했습니다. 그러나 소크라테스는 치열한 성찰을 통해 이런 통념을 거부합니다. 오히려 진정한 의미에서 잘 사는 것이 무엇인가를 지성적으로, 그리고 비판적으로 검토해야 한다고 주장한 사람이 소크라테스였습니다. 그런 비판적 검토를 통해 소크라테스가 얻어낸 결론은 아마도 자신의 영혼이 훌륭해지고, 그런 훌륭함을 행사하는 것, 그것이야말로 진정으로 잘 사는 것이라는 가르침이었습니다.

이런 해석을 전제로 위의 인용문에 적용해 보면, 소크라테스는 자신의 영혼이 갖춘 훌륭함에 대해 멜레토스나 아뉘토스가 전혀 아무런 해를 끼치지 못할 것이라고 표명한 것으로 보입니다. 설사 그들 때문에 자신의 육신은 죽어도 자신이 지닌 영혼의 훌륭함까지 그들이 어쩌지는 못한다는 엄청난 확신을 드러낸 것이지요. 이런 견해는 사람에게 진정으로 좋고 이로운 것이 귀속되는 터전은 외적인 것이 아니라 내적인 영혼이라는 생각에 기초합니다. 내적 영혼의 훌륭함을 이미 갖추었기에 소크라테스는 죽음을 앞에 두고서도 아무 두려움 없이 임할 수 있었을 것입니다. 여기에서 우리는 소크라테스가 지닌 영혼의 깊이를 느끼게 됩니다.

사실 죽음과 위험에 굴하지 않는 용기를 갖추었다는 점에서는 아킬레우스나 소크라테스나 동일한 측면을 보여줍니다. 하지만 그들이 추구한 가치의 지평은 근본적으로 달랐다고 할 수 있습니다. 이런 측면은 아킬레우스와 달리 소크라테스가 운명론자가 아니었다는 것과도 연관이 됩니다. 그렇다면 죽을 줄 알면서도 죽음을 두려워하지 않는 태도라는 측면에서는 동일하면서도 왜 소크라테스를 운명론자가 아니라고 봐야 할지를 살펴보도록 합시다. 이 문제를 살펴보기 위해 조금 다른 각도에서 소크라테스의 행위 방식을 고찰해 볼까 합니다.

소크라테스의 제자인 플라톤이 남긴 또 다른 대화편인『크리톤』을 보면 소크라테스는 도망을 권유하는 친구 크리톤의 조언을 거부하고 지혜사랑의 원칙을 고수합니다. 그리고 소크라테스는 결국 당당하게 독배를 들이킵니다. 죽을 줄 알면서 도망치지 않고 스스로 독배를 마셨으니까, 소크라테스는 자살을 선택한 것일까요?

자살이란 스스로 자신의 목숨을 끊는 행위를 가리킵니다. 그런데 어떤 경우는 자살이 직접적인 목적이 되기도 하지만, 수단이 되는 경우도 있습니다. 예를 들어 절망에 빠져 자살하는 경우는 자신의 목숨을 끊는 것이 직접적인 목적이 됩니다. 그런가 하면 자신의 명예를 지키기 위해 목숨을 끊는 경우도 있습니다. 이런 경우 직접적인 목적은 명예를 지키는 것이고 자살은 목적이 아니라 수단으로 선택되었다고 할 수 있습니다. 그런데 소크라테스의 경우는 전자도 아니고 후자도 아닌 듯싶습니다. (여기서 세부적으로 논증하기는 어렵지만) 소크라테스는 아마도 지혜사랑을 추구하는 철학적 삶을 살면서, 즉 자기 삶의 원칙을 고수하면서 사형선고를 피할 수 있는 길이 있었다면 그 길을 선택했을 것 같기 때문입니다. 그렇다면 소크라테스의 경우를 자살의 경우로 해석하기는 어려워 보입니다. 그러면 소크라테스의 경우를 도대체 어떻게 해석해야 할까요?

이해를 돕기 위해 영화「타이타닉」을 떠올려보도록 하죠. 영화 속의 주인공 레오나르도 디카프리오(잭 도슨 역)와 케이트 윈슬렛

(로즈 드위트 버케이터 역)은 서로 사랑하는 사이입니다. 불행하게도 그들이 탄 타이타닉 호가 침몰하면서 두 사람은 죽음의 위기를 맞이합니다. 잭은 판자를 구하지만 두 사람이 함께 탈 수 없는 작은 크기의 판자였습니다. 잭은 사랑하는 로즈를 살리기 위해서 자신의 몸은 바닷물에 담그고 사랑하는 사람을 판자에 태웁니다. 결국 영하의 찬 물 속에서 잭은 목숨을 잃고 맙니다. 잭은 죽을 줄 알면서 행위를 했습니다. 그가 그런 행위를 하면 자신이 죽을 줄 '알았다'는 점에서 자살했다고 해야 할까요?

판단의 기준은 잭의 선택 과정에서 자살이, 목적 차원에서든 수단 차원에서든, 적극적인 지향점으로 고려되었던가 여부에 있을 것입니다. 잭의 행위 목적이 자신의 목숨을 끊기 위한 것이었다고 보기는 힘듭니다. 그렇다면 수단으로 선택된 것으로 해석해야 할까요? 어찌 보면 사랑하는 연인을 위해 자기 목숨을 끊은 것처럼 보일 수도 있습니다. 그러나 잭이 자신의 몸을 차디찬 바닷물에 담근 것은 자신의 '직접적인' 의지로 보기 어려운 측면도 있습니다. 만일 발견한 판자가 두 사람이 다 탈 수 있는 것이었다면 잭도 당연히 그 판자에 몸을 함께 의지했을 테니 말입니다.

여기서 우리는 잭의 선택 과정에는 어쩔 수 없는 한계의 계기가 놓여 있다는 것에 주목할 필요가 있습니다. 이를테면 로마시대에 기독교를 믿기 때문에 순교한 이들이 죽음을 수단으로 선택했다고 보기 어렵듯이, 잭의 경우도 자신이 사랑하는 사람을 살리고자 하는 궁극적 목적을 위해 어쩔 수 없는 수동적 조건을 받아들였다고 볼 수 있을 것입니다. 이런 경우 자신이 죽을 줄 알면서 능동적으로 선택한 건 사랑하는 사람을 살리는 것이고, 죽음의 길은 수동적인 조건 속에 놓인 문제라고 볼 수 있을 것입니다. 그 경우 죽을 줄 알면서 그 길을 선택했다는 말은 여전히 유의미할 수 있지만, 그것은 단순한 능동적 선택이 아니라, 어쩔 수 없는 수동적 조건을 받아들이고 감내한 것이라고 해석하는 것이 더 자연스러워 보입니다. 그렇다면 소크라테스의 경우도 죽음과 위험을 감내하는 길을 선택한 것이지, 목적에서든 수단에서든 죽음을 직접적으로 지향해서 선택한 것이라고 보기는 힘들어 보입니다. 즉 자살 자체가 소크라테스가 지향한 가치는 아니라는 말입니다. 어쨌든 소크라테스의 이 같은 행위 방식에서 우리는 죽음 앞에서도 두려워하지 않는 불굴의 의지를 보게 되고, 이런 의지가 호메로스 이래의 전통 속과 연속되어 있다는 것을 발견하게 됩니다.

그런데 아킬레우스보다 소크라테스가 더 위대한 이유는, 죽음의 길을 운명으로 받아들인 것은 아니라는 데 있습니다. 소크라테스는 자신이 죽게 된 것을 '운명'이란 말로 형용하지 않습니다. 그에게는 자신이 놓인 조건의 한계로 인식될 뿐입니다. 그런 한계 속에서도 그는 자신의 영혼만은 남들에 의해 해를 입을 수 없다고 확신합니다. 소크라테스는 능동적으로 삶을 주도해서 자신에게 좋음을 구현하는 새로운 가치의 지평을 발견했기 때문입니다. 이런 점에서 소크라테스는 아킬레우스보다 훨씬 더 적극적인 능동적 가능성을 발견한 인물이라고 할 수 있겠습니다. 그리고 그런 가능성이 지혜사랑이라는 지성적 탐구에 의해 이루어질 수 있다고 믿었다는 점에서, 소크라테스에게 '철학 내지 지혜사랑'이란 단편적인 정보나 지식이 아니라, 일종의 삶의 방식이었다고 할 수 있겠습니다. 철학을 머릿속의 관념으로 수행한 것이 아니라 일종의 삶의 방식으로 실천했다는 점에서 우리는 왜 소크라테스가 서양 철학 사상 가장 위대한 철학자 중 한 사람으로 일컬어지는지를 이해할 수 있게 됩니다.

고대 그리스에 전해지는 격언으로 "주어진 것을 선용하라!(to paron eu poiein)"란 말이 있습니다. 소크라테스는 인간에게 주어진 영혼의 가능성을 새롭게 발견하고 그것을 몸소 실천했다는 점에서 우리에게 인생의 의미에 대한 새로운 지평을 보여주고 있다고 할 것입니다.

현대인은

왜

소외되는가?

『변신』
카프카
(솔출판사, 1997)

카프카의 『변신』에 그려진 소외를 딛고 너의 아픔을 보듬기

박민미(동국대 외래교수)

나는, 그리고 우리는 소외되어 있는가?

뼈아팠던 충고가 있나요? 항상 귓가에서 울리는 나에 대한 비판. 마음에 담아둔 일갈이 있나요? 만해 한용운이 「님의 침묵」에서 말한 '날카로운 첫 키스의 추억'처럼 나의 운명의 지침을 바꿔놓은 그런 말을 가지고 있습니까?

제게는 지금도 마음속에 지워지지 않는 친구의 비판이 있습니다.

"넌 강자에게도 강하지만, 약자에게도 강해."

고등학생 시절 친구에게 들었던 말입니다. 저는 가진 것이 없어도 자신감이 충만한 녀석이었고, 친구들의 사랑을 받았고, 헤르만 헤세의 『지와 사랑』이라면 골드문트보다는 나르치스의 상을 추구했던, 거침없는 쪽이었습니다. 세상의 허영에 맞섰고 불의에 대항했습니다. 그런데 그 때문에 담 뒤의 수줍은 햇살, 여린 꽃잎의 부끄러움, 들끓는 아우성 뒤에 가리워진 낮은 목소리를 놓쳤습니다.

제게 이 말을 남긴 친구는 이렇게 말했는지조차 까맣게 잊었겠지만, 저는 그 말을 기억하며 그 말을 들은 지 30년이 다 돼가는 오늘도 저를 반성하는 기준으로 삼고 있습니다. 그리고 철학 공부를 통해 지금 학생 시절을 보내고 있는 친구들에게 '강자에게 강하고 약자에게 약한 태도'가 소외를 벗어나는 길이라는 이야기를 건네며 그 친구의 비판에 응답하고 있습니다.

우리는 흔히 패거리 바깥에 놓인 사람을 '아웃사이더'라고 합니다. 아웃사이더 중에는 패거리 안의 사람, 즉 인사이더에게 혐오감을 느끼고 스스로 고립을 자처한 강한 정신의 소유자도 있습니다. 그런데 의도하지 않았는데 패거리 바깥으로 밀려난 사람도 있습니다. 이때 이렇게 밀려난 사람이 느끼는 감정을 우리는 보통 '소외감'이라고 표현합니다.

때문에 우리는 '소외'를 특정 부류의 사람만이 느끼는, 사회에서 뒤처진 사람만이 느끼는 특수한 감정 상태라고 생각하곤 합니다. 하지만 철학적 의미에서 소외는 더 근본적인 의미를 가지고 있습니다. 어찌 보면 현대를 사는 모든 사람들이 소외되어 있다고 할 수 있습니다. 즉, 소위 '왕따'를 당하는 사람이나 '왕따'를 하는 사람 모두 소외되어 있다는 말이지요.

소외의 의미가 무엇이기에 그럴까요? '소외'는 한자어로 疏外로 적습니다. '트일 소(疏)'는 '트이다, 통하다'의 뜻을 기본으로 가지기에 '소통(疏通)'이라는 말에서처럼 '서로 트여 통하다'라는 긍정적인 의미를 갖습니다. 반면에 '친하지 아니하다. 에돌아 멀다'라는 뜻도 가져서 '소외'라는 말에서처럼 '주위에서 꺼리며 따돌림, 혐오나 무관심 등으로 인하여 따돌림을 당하다'라는 뜻도 띠는 것입니다.

그런데 서양의 어떤 말이 '소외'로 번역된 것일까요? 독일어로는 'Entfremdung', 영어로는 'alienation' 혹은 'estrangement'입니다. 독일어에서 'fremd'는 '낯선, 이방의, 외국의'라는 뜻입니다. 'ent'는 '어떤 상태로 집어넣는다'는 뜻입니다. 즉, '낯선 상태로 만들기'라는 뜻입니다. 영어로 소외를 뜻하는 'alienation'은 라틴어 'alienatio(어떤 사물에 대한 소유권을 다른 사람에게 양도함)'와 'alienare(낯선 힘에 종속시키다)'에서 유래한 말입니다. 18세기까지 주로 '소유권을 양도하다', '나의 자유를 사회 혹은 지배자와 같은 낯선 힘에 위탁하다'의 뜻으로 쓰였습니다. 독일어든 영어든 모두 '나의 삶이 나의 통제력을 벗어나 다른 어떤 낯선 힘의 지배를 받는다'는 뜻을 담고 있습니다.

인간은 신이 아니기 때문에 온갖 물리 법칙의 지배를 받습니다. 내 몸조차 내가 모두 통제하는 게 아닙니다. 낯선 힘의 지배를 받고 있지요. 그런데 소외란 이런 현상까지 문제시하는 것일까요? 그건 아닙니다. 소외와 관련해 문제시되는 낯선 힘은 물리적 힘이 아니라 사회 속에서 작용하고 있는 힘입니다.

소외라는 개념에 대해 철학적으로 주목한 이는 마르크스(Karl Marx, 1818~1883)입니다. 누구나 노동을 하며 살고 있는데, 마르크스는 '소외된 노동'이라는 개념을 통해 우리 인간의 삶을 지탱하는 노동이 나의 통제력을 벗어나 낯선 힘의 지배를 받는다는 사실을 문제시했습니다. 그리고 '생산물로부터의 소외'에 대해 말했습니다. 노동은 무언가를 만들어내는 활동입니다. 그런데 노동자는 생산물을 만들어내지만 그 생산물의 주인이 아닙니다. 노동자는 생산물을 만들기만 할 뿐 그것을 향유하지는 못합니다.

근대 이후의 세계를 '자본주의 사회'라고 할 때, 자본주의 사회 속에서 일을 하는 사람이라면 누구나 이처럼 '소외된 노동'을 하게 된다는 것입니다. '소외된 노동'이란 자본주의의 직접적인 결과라고 할 수 있습니다. 이처럼 모든 사람에게 객관적으로 있는 현상으로서의 '소외된 노동'이라는 현상도 있지만 자본주의는 간접적인 여파를 통해서도 소외를 만들어냈습니다. 자본주의 사회는 도시화와 그에 따른 공동체 붕괴 현상 또한 수반했습니다. 이를 통해 점차 공동 사회는 해체되고 이익 사회로 전환해 갔습니다. 이 과정에서 인간을 판단하는 척도가 다른 다양한 가치가 아니라 '부(富)'라는 단일한 척도로 측정되기에 이릅니다. 모든 인간이 '부를 낳을 수 있는 쓸모'로 판단됩니다. 가령 좋은 직장의 기준은 더 많은 월급을 주는 직장을 의미하고 좋은 차의 의미는 비싼 차를 의미합니다. 좋은 학생은 좋은 대학에 들어갈 수 있는 높은 성적의 학생이고, 좋은 대학이란 좋은 직장을 보장하는 학교를 뜻하는 식입니다.

열심히 공부하고 있지만 공부가 즐겁지 않은 친구들, 이 공부를 왜 하는지 의미를 알기 어려운 친구들, 그리고 공부를 잘한다는 것이 다른 사람보다 더 높은 성적을 받는다는 걸 의미하기에 다른 사람을 밟고 서야 한다는 강박관념에 사로잡힌 친구들이 처한 상황도 이와 관련되어 있습니다.

무엇이 이렇게 만든 것일까요? 소외는 특정한 일부 사람만의 문제일까요? 만일 소외가 우리 모두의 문제라면 우리는 소외를 어떻게 극복할 수 있을까요?

어찌 보면 현대를 사는 모든 사람들이 소외되어 있다고 할 수 있습니다. 소외의 의미가 무엇이기에 그럴까요?

Reading

철학 시간에 『변신』 읽기

프란츠 카프카는 1883년 7월 3일 프라하 구(舊)시가지에서 태어나 평생 이곳에서 멀리 벗어나지 않고 41세까지 살다 갑니다. 프라하 구시가지 광장에는 카프카를 기념하는 서점이 있고, 프라하 성을 향하는 '황금소로'라고 부르는 연금술사의 거리에는 카프카가 글을 썼던 집이 보전되어 지금도 전 세계의 사람들을 반기고 있습니다.

어린 시절 카프카는 겁 많고 주눅 든 아이였습니다. 여기에는 아버지의 영향이 컸지요. 아버지는 늘 명령조로 말하는 사람이었습니다. 카프카는 훗날 이렇게 말했을 정도였습니다. "아버지는 아이가 크기를 기다리지 못하고 덮어놓고 노발대발하여 형성되고 있는 인간을 움켜잡는 거야. 그리고 있어야 될 것들이 아이에게 없다는 걸 발견하곤 그것을 아이에게 두드려 박아넣기 시작해. 그러는 동안 아이를 부수고 말지."

카프카는 철학을 공부하고 싶었으나 유일한 친구였던 오스카

52 • 열여덟을 위한 철학 캠프

폴라크를 따라 프라하 대학 화학과에 입학했다가 2주 만에 법학과로 옮깁니다. 지루한 법학 공부를 마치고 1906년에 법학 박사학위를 받은 뒤 처음엔 보험 회사에 취직했다가 1년 후 근무 시간이 짧은 노동자 재해 보험국에 들어가 2시에 퇴근한 다음 자유롭게 글을 썼습니다. 근무 시간이 짧아서 글을 쓴 게 아니라 글을 쓰고 싶어서 근무 시간이 짧은 재해 보험국을 직장으로 택한 것이었지요. 카프카는 이후 14년간 이 회사에서 일하며 글을 썼습니다.

그가 쓴 단편소설 중에는 「사형 선고」, 「유형지에서」, 「단식광대」 등이 있고 중편소설로 대표작 「변신」이 있습니다. 그리고 장편소설로 『심판』, 『성』 등이 있습니다. 모두 한결같이 한 개인이 하나의 조직, 혹은 상황 속에서 얼마나 무력한 존재인가에 대한 진지한 성찰을 다루고 있습니다. 『변신』은 1912년에 집필했고, 『심판』은 1차 대전이 발발한 1914년에 집필을 시작했습니다. 그는 시대를 직접 논하지 않았지만 그의 작품에는 시대가 반영되어 있습니다. 엄밀히 말하면 그는 시대를 앞서갔습니다. 그의 문학은 소외의 문제와 대결한 실존주의를 선구적으로 보여주었습니다.

주인공 그레고르 잠자는 외판 사원입니다. 늘 새벽 5시에 기차를 타고 두 시간 떨어진 곳으로 나가 근무를 하는 성실한 외판 사원입니다. 그에겐 먹여 살려야 하는 가족이 있고, 그의 아버지는 그레고르 잠자가 근무하는 회사 사장에게 빚을 지고 있습니다. 그래서 그레고르 잠자의 어깨는 더 무겁습니다.

어느 날 아침 잠자는 도무지 몸을 일으킬 수가 없습니다. 갑자기 벌레로 변한 그레고르 잠자. 벌레로 변했어도 그것이 주는 충격보다 그레고르에겐 가족 걱정이 앞섰습니다. 자기가 없으면 가족들이 앞으로 어떻게 살아갈지를 더 걱정했습니다. 하지만 가족들은 그레고르가 벌레가 된 사실을 안 후 징그러워 마주치기를 피하고 급기야 바깥에서 문을 잠급니다. 누이동생은 조금씩 이 사실을 받아들이고 벌레가 된 오빠에게 벌레가 먹을 만한 음식을 가져다줍니다. 처음에는 먹을 수 없는 것들만 가져다주었지만 그레고르가 뭘 먹는지 알기 위해 여러 가지를 시험 삼아 갖다 준 덕에, 그레고르는 벌레로 변한 자신이 신선한 음식보다 오래된 음식을 더 좋아한다는 것을 발견하지요.

천장을 기어다니기 시작한 그레고르를 위해 누이동생은 방의 가구를 치우기로 합니다. 아직 엄마는 벌레로 변한 그레고르의 모습을 보지 못했습니다. 그런데 가구를 혼자 옮길 수 없자 엄마에게 도움을 청했으나, 청소 중에 엄마가 그레고르의 모습을 보고는 기절을 하고 맙니다. 5년간 실직 생활을 해오던 아버지는 그레고르가 벌레로 변한 뒤 은행의 경비로 다시 취업을 해 있다가 퇴근 후에 집에 일어난 이러한 소동에 분노합니다. 아빠는 엄마를 놀라게 한 그에게 화가 나서 사과를 마구 던집니다. 그 사과는 그레고르가 죽을 때까지 그의 등에 박혀 있게 됩니다.

가족을 위해 성실하게 일해 오던 그레고르가 벌레로 변하자 아빠도 취업을 했고 누이동생도 가게 점원으로 취업을 했고, 엄마도 삯바느질을 시작했지만 가족에게는 생활고라는 현실적인 문제가 끊이지 않습니다. 그래서 하숙생을 들이기 시작했는데, 하숙생 앞에서 바이올린을 연주하는 누이동생의 음악 소리를 감상하러 거실로 나온 그레고르를 하숙생들이 보고 모두 기겁을 하며 당장 방을 빼겠으며 하숙비를 지불하지 않겠다고 노발대발합니다.

누이동생은 절망하며 외칩니다. "만약 이게 오빠였다면 사람이 이런 동물과 함께 살 수 없다는 걸 진작에 알고 자기 발로 떠났을 거예요. 그런데 이 동물은 우리를 못살게 굴 뿐 아니라 하숙인을 쫓아내고 집을 독차지해 급기야 우리들을 집에서 내몰려 하려는 거예요."

이 말을 듣고 이미 쇠약해져 있던 그레고르는 다음날 죽은 채 발견됩니다. 그리고 가족들은 조금 울긴 했지만 이내 교외로 소풍을 가서 집을 옮길 계획, 어느새 처녀가 된 누이동생을 결혼시킬 궁리 등 가족들의 미래를 꿈꾸며 이야기는 끝이 납니다.

우리 사는 모습도 이 우화에 나오는 사람들처럼 소외되어 있습니다. 소외를 심화시킨 것은 '소통'의 부재입니다. 벌레로 변한 그레고르의 말을 사람들은 알아들을 수가 없습니다. 말을 못하게 되었을 때 그레고르는 너무나 말을 하고 싶어합니다. 그런데 벌레가 됨으로써 벌레가 되기 전 정작 버젓이 말을 할 수 있었을 때에는 그가 가족과 말을 거의 하지 않고 살아왔다는 게 드러납니다. 벌레가 되고 나서야 아빠에게 그래도 저금과 이자 수입이 있었다는 것을 알게 되었고, 그 돈이 있다는 것을 알았으면 빚을 갚고 자신이 다른 직장으로 옮길 수 있었을 텐데 하는 후회를 뒤늦게 합니다. 매일 기차 시간을 걱정하고 불규칙한 식사를 하고 가까운 사람을 사귈 수 없는 자기 직업에 대한 불만을 가장 가까운 가족에게마저 털어놓은 적이 없습니다. 자기가 일을 하지 않으면 안 되는 줄로만 생각해서 아빠가 일할 가능성은 타진해 보지도 않았던 것이지요.

벌레로 변한 뒤의 그레고르에게 가족들은 소통의 시도조차 하지 않습니다. 그를 잘 관찰하면 그가 좋아하는 것, 그가 원하는 것을 알 수 있을 텐데 모두가 삶에 치여서 그를 관찰할 틈이 없기 때문입니다. 먹고 사는 문제에 갇혀 허덕이다 보니 갑자기 아들 혹은 오빠에게 닥친 불행에 대해서는 돌볼 여력이 없는 것입니다. 소통의 시도를 하지 않았다기보다 소통의 시도를 할 수 없었다고 보아야 할 것입니다. 그리고 이러한 상황은 그레고르의 소외를 점점 더 심화시킵니다. 하지만 이런 상황 속에서 소외된 것은 그레고르만이 아닙니다. 그의 가족들 또한 모두 소외되어 있었던 것입니다.

먹고 사는 문제에 갇혀 사랑하는 아들 혹은 오빠에 대해 배려할 수 없는 각박한 상황은 우리 모두의 초상(肖像)과 다름없습니다. 우리는 이 판타지적인 우화 속에서 소외 개념의 면면을 읽어낼 수 있습니다. 우선 '소외된 노동' 개념입니다. 자신의 노동을 자신이 통제하지 못한다는 것과 노동 생산물로부터의 소외라는 '소외된 노동'의 두 가지 측면을 그레고르 잠자와 그 가족들의 노동 속에서 읽어낼 수 있습니다. 그리고 현대 사회의 소외의 근본적인 원인인 공동체의 붕괴로 인해 사람들이 관계 맺는 방식의 변화 또한 『변신』 속에 반영되어 있습니다. 또한 사람들 사이에 있는 다양한 차이를 차별의 근거로 만들어내는 '이질성의 위계화 현상'을 읽을 수도 있으며, 끝으로 현대의 이러한 조건 속에서 느끼게 되는 총체적인 '자기 소외'가 극적으로 드러난 작품입니다.

『변신』의 철학적 읽기에 필요한 장면들

1 벌레로 변하고도 기차 시간을 놓칠까 봐 걱정인 그레고르

'제기랄! 나는 어째서 이렇게 고된 직업을 선택했을까! 날이면 날마다 출장 또 출장이다. 사무실에서의 근무도 여러 가지 귀찮기는 하지만, 외근에 따르는 고충은 훨씬 더 각별한 것이다. 기차 시간에 대한 걱정과 불규칙하고 무성의한 식사, 그리고 진정으로 가까워지는 사람은 하나도 없다. 이 얼마나 끔찍한 일인가!'

(……)

사람은 충분한 수면이 꼭 필요한 법이야. 다른 외판원들은 마치 후궁(後宮)의 궁녀들처럼 지내고 있지 않은가. 가령 내가 밖에서 한 가지 일을 끝내고 오전 중에 숙소로 돌아와서 주문받은 것을 정리하고 기입해 둘 때에서야 비로소 그들은 아침 식사를 시작하지 않던가. 만약 내가 사장 앞에서 그런 짓을 한다면 그는 나를 당장 해고시킬 거야. 그런 생활이 이로운지 어떤지 잘 모르지만 그런 식으로 여유 있게 살고 싶어. 부모님만 아니라면 이렇게 참고만 있지는 않았을 거야. 벌써 사표를 던지고 말았을걸. 사장 앞으로 걸어가서 내가 생각하고 있던 바를 거리낌 없이 털어놓을 것이다. 그러면 틀림없이 그는 놀라서 책상 아래로 굴러 떨어지고 말리라. 하여튼 책상 위에 걸터앉아 어깨너머로 사원들을 내려다보며 이야기하는 것이라든지, 귀가 멀어서 말할 때마다 사원들에게 아주 가까이 다가가지 않으면 안 되는 등 매우 이상한 버릇의 소유자야. 그러나 전혀 희망이 없는 것은 아니야. 부모님이 진 빚을 청산할 수 있을 만큼 돈을 모은다면—아마도 5, 6년은 걸리겠지만—그렇게만 된다면 꼭 결행할 테다. 그것이 내 일생일대의 전환기가 되겠지. 그것은 그렇다 치고, 우선 지금은 일어나야만 돼. 기차는 5시에 출발하니까.'

그레고르 잠자는 외판원입니다. 그레고르가 갑자기 벌레로 변해서 깬 날 꿈쩍도 할 수 없는 상태에서 하는 생각입니다. 그레고르에게 자신의 노동은 즐거운 활동이 아닙니다. 부모님이 진 빚 때문에 그것을 갚을 돈을 마련하기 위한 행위입니다. 노동을 하러 가는 시간은 자기가 결정할 수 있는 게 아니라 기차 시간에 매여 있습니다. 최소한 노동이 '먹고 살기' 위해 하는 일이어야 할 텐데 먹는 것도 허둥지둥이고 생활이 노동에 매여 있습니다. 일 속에서 진정한 인간관계도 맺지 못합니다. "누구나 그렇지 않나, 본래 일이란 게 그런 거 아닌가?"라고 생각한다면 우리는 소외되어 있는 것입니다.

2 아무리 일해도 가족의 필요를 충족하지 못하는 돈벌이

그레고르는 아버지가 사업 실패로 빚을 진 이래 남은 재산이 있는지 물어보지도 못한 채 점원에서 돈을 더 벌 수 있는 외판원으로 직업을 바꿔 일을 했습니다.

당시 그레고르로서는 가족들을 완전한 절망으로 몰아넣은 그 사업상의 불행을 될 수 있는 대로 빨리 가족들의 머릿속에서 지워버리는 데 힘을 기울이는 일 외에는 아무것도 생각하지 않았다. 그랬기 때문에 그레고르는 남보다 열심히 일했으며, 하룻밤 사이에 미미한 일개 점원에서 외판원으로 뛰어오를 수 있었던 것이다. 물론 외판원이 되고부터는 돈을 버는 여러 가지 방법들을 알게 되었으며, 일의 결과는 당장 수수료나 현금의 형태로 바뀌었다. 그래서 이 돈을 집으로 가져와 가족들이 놀라게 테이블 위에 펼쳐 보일 수가 있었던 것이다. 그 무렵은 정말 신났었다. 후에 그레고르는 충분히 한 가정을 지탱할 수 있을 정도의, 그리고 현재 집안 재정을 꾸려 나가는 데 넉넉한 돈을 벌기는 했지만, 그 신이 나던 시절은 이제는 더 이상 그 옛날의 화려함과 더불어 돌아오지 않을 것이다. 가족들도 그레고르도 그것이 모두 습관이 되어 버려서 돈을 받는 쪽의 감정과 내놓은 쪽의 호기에는 변함이 없었지만, 거기에는 이미 훈훈한 정이 담긴 특별한 감정이 나올 수가 없었다. 오직 누이동생만이 변함없이 오빠에게 각별한 애정을 나타내고 있었다. 그레고르와는 달리 그녀는 음악에 재능이 있었다. 바이올린 솜씨가 훌륭했으므로, 이 누이동생을 내년에는 음악 학교에 입학시켜주어야겠다는 것이 그레고르가 평소에 생각해 둔 계획이었다. 특히 학비가 많이 들겠지만, 그 정도의 돈은 또 다른 방법으로 어떻게 해서든지 변통할 수 있을 것이라고 생각했던 것이다.

하지만 돈을 더 벌게 되었다고 해서 그레고르의 삶이 더 나아진 것이 아닙니다. 그가 더 많이 벌어오게 된 돈은 처음에는 가족들에게 놀라움과 기쁨을 주었지만 빚의 굴레는 여전했습니다. 그리고 사랑하는 누이동생을 음악 학교에 보내기도 힘든 형편이었습니다. 자신을 위해 쓰는 것은 고사하고 말입니다. 늘 바삐 일하지만 늘 허덕이는 우리는 소외되어 있는 것입니다.

3 가족의 불행보다 자기 이익이 먼저인 하숙인들

누이동생은 이윽고 바이올린을 연주하기 시작했다. 아버지와 어머니는 각자의 자리에서 딸의 손놀림을 주의 깊게 지켜보고 있었다. 그레고르는 연주 소리에 끌려 자신도 모르는 사이에 이미 고개를 거실 안으로 내밀고 있었다. (……) 하숙인들은 손을 바지 주머니 속에 찔러 넣고서 악보대 바로 뒤에 자리를 잡고 서 있었다. 세 사람은 모두 악보를 들여다볼 수 있는 자리—확실히 누이동생의 연주에 방해가 되었을 것이

다—였다. (······)

"잠자 씨!"

돌연 우두머리 격인 사내가 아버지를 향하여 소리치더니 더 이상 아무 말도 하지 못하고 천천히 앞으로 기어 나오고 있는 그레고르를 손가락으로 가리켰다. (······)

"지금 이 자리에서 선언해 두지만······."

그는 한쪽 손을 쳐들고 어머니와 누이동생의 모습을 힐끗 보며 이렇게 말했다.

"나는 이 집과 당신 가족들 사이에 존재하는 이 불쾌한 상태를 고려하여."

—그는 순간적으로 결심을 한 듯 단호하게 마루에 침을 뱉었다—

"방을 해약하겠소. 물론 지금까지의 하숙비는 한 푼도 지불할 수 없소. 그 대신 나는 앞으로, 극히 타당한 이유의 손해 배상 청구를 당신들에게 제기할 것인지 어쩔 것인지의 여부를 고려해 볼 작정이오."

남은 가족들이 생계에 도움을 얻고자 하숙생을 들였습니다. 그들에게 정성껏 밥을 해주고 시중을 들어 왔습니다. 어느 날 하숙인들을 위해 거실에서 누이동생이 바이올린을 연주해 주었습니다. 하지만 하숙인들은 기대에 미치지 못하는 바이올린 소리를 마지 못해 듣고 있었고, 이를 느낀 그레고르는 누이동생 그레테에게 음악학교에 넣어주고 싶었다는 말을 해주기 위해 그녀에게로 다가

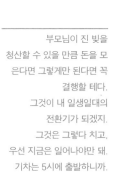

부모님이 진 빚을
청산할 수 있을 만큼 돈을 모
은다면 그렇게만 된다면 꼭
결행할 테다.
그것이 내 일생일대의
전환기가 되겠지.
그것은 그렇다 치고,
우선 지금은 일어나야만 돼.
기차는 5시에 출발하니까.

가다가 하숙인의 눈에 띕니다. 이들은 곧바로 방을 해약하겠다고
으름장을 놓습니다.

　이것이 사회의 모습입니다. 근대 이전의 사회에서는 사람들이
이웃과 공동체의 관계를 맺었습니다. 이웃의 삶을 속속들이 알고
평생 함께 교류하며 살았습니다. 그러나 현대에는 이처럼 서로의
이력을 모른 채 만나는 관계가 비일비재합니다. 그리고 서로 이익
을 주고 받는 관계를 맺고, 어느 일방이 계약대로의 이익을 주지
못할 때 서로 간단히 돌아서는 관계가 일상이 되어 있습니다. 이것
이 당연하게 느껴진다면 우리는 소외되어 있는 것입니다.

4 남의 눈이 두려워 작은 집으로 이사를 못 가는 가족

모두 일에 지쳐 피곤해서 아무도 그레고르를 보살펴 줄 여유가 없었다. 집안 살림은 점점 궁핍해져 갔다. 결국은 하녀도 내보내게 되었고, 그 대신 나이 먹고 백발 흩날리는 몸집이 큰 여인이 아침 저녁으로 드나들며 가장 힘든 일만을 해 주고 갈 뿐이었다. 그 외의 모든 일은 어머니가 바느질을 하면서 해냈다. 심지어는 이전에 어머니와 누이동생이 친목회나 축하 모임이 있을 때면 화려하게 몸에 치장하던 여러 가지 잡다한 장식품 같은 것들도 팔게 되었다. 이 사실은 저녁에 가족들이 모두 모여서 그것을 얼마나 받고 팔면 될까 하고 서로 의논하는 것을 엿듣고서야 알게 된 일이다. 그러나 가장 큰 문제는 언제나 집 문제였다. 현재의 형편으로 이 집은 너무 컸다. 그러나 이사를 할 엄두가 나지 않았다. 그레고르를 어떻게 옮겨야 할지 모르기 때문이었다. 그러나 그레고르는 이사를 방해하고 있는 것이 단지 그레고르에 대한 고려 때문만은 아니라는 사실을 잘 알고 있었다. 적당한 상자에다 숨만 쉴 수 있게 해 놓으면 그레고르쯤은 문제없이 운반할 수 있을 것이다. 이사를 방해하고 있는 진짜 이유는 완전한 절망감과, 여러 친척들의 눈총 때문이었다. 세상이 가난한 사람들에게 보내는 갖가지 눈총에 대해서는 온 집안 식구들이 이미 포용하고 있었다.

세상은 '구별짓기'에 능합니다. 나와 다른 부류의 사람을 만들어

내서 그들과 나를 구별짓고 그 차이를 '차별'로 위계화합니다. 가령 '검은 피부'와 '흰 피부'는 단지 다른 피부색일 뿐인데 흰 피부를 우월한 것으로, 검은 피부를 열등한 것으로 구별하여 위계를 만듭니다. 그레고르의 가족은 가난에 지친 상태가 되었을 때에도 큰 집에서 이사를 하지 못합니다. 그 이유가 주변의 시선 때문입니다. 작은 집으로 이사하는 것을 가족의 형편과 필요에 의해 결정하지 못하고 주변 사람의 눈치를 보는 것은 '작은 집'과 '큰 집'이 단지 차이가 아니라 '실패'와 '성공'으로 위계화되어 있기 때문입니다. 그것이 당연하다고 느껴지나요? 그만큼 우리는 소외되어 있는 것입니다.

5 가족의 분노에 대한 그레고르의 절망

"내쫓아 버리는 거예요."

하고 누이동생이 말했다.

"그 방법밖에는 없어요. 저것이 그레고르 오빠라는 생각은 버리셔야 해요. 우리가 지금까지 그렇게 믿어 온 것이 사실은 우리들 자신의 불행이었어요. 어떻게 저것이 그레고르란 말인가요? 만일 저것이 정말 그레고르였다면, 인간이 자기와 같은 짐승과는 함께 살 수 없다는 것쯤은 벌써 알아차리고 틀림없이 스스로 나가 버렸을 거예요. 그렇게만 되었다면 오빠는 없어졌어도 우리는 어떻게 해서든지 살아 남아서 오빠를 존경하며, 오빠에 대한 추억을 소중히 간직하며 지낼 수 있었을 거예요. 그런데 저 짐승은 우리들을 희롱하고, 하숙인들을 내쫓고, 급기야는 이 집 전체를 점령하고 우리들을 길거리로 몰아낼 거예요. 네, 저것 좀 보세요. 아버지!"

벌레로 변신한 그레고르를 돌봐주던 누이동생은 끝내 그레고르를 내쫓자고 말합니다. 벌레로 변신한 그레고르는 쓸모없는 존재가 되었을 뿐 아니라, 이제는 가족에게 부담을 주는 존재, 심지어 피해를 주는 존재가 되었습니다. 엄마를 놀라게 한 데 대한 분노로 아버지는 그레고르의 등에 사과를 던져 박히게 했고, 이제 하숙인마저 나가게 만든 그레고르에게 그레고르가 가장 사랑했던 누이동생이 "저건 오빠가 아니"라며 "내쫓자"고 외치고 있습니다. 그레테의 외침이 일리가 있다고 느껴진다면 그만큼 우리는 소외되어 있는 것입니다.

카프카의 『변신』을 읽은 친구들은 그레고르의 모습에서 "나의 아버지, 어머니"를 보았다고 말합니다. 일을 하러 나가시며 "오늘은 일을 하며 어떤 기쁜 일이 있을까? 내가 얼마나 더 탁월해질까?"를 기대하고 설레어 하며 문을 나서는 부모님의 모습을 본 적이 있나요? 본래 일은 어떤 모습이어야 하는 것일까요?

우리는 노동은 다음 중 하나로 생각할 수 있습니다. 첫째, 노동은 생존의 수단입니다. 노동을 하는 이유는 나 혹은 나와 내 가족이 먹고 사는 수단이기 때문입니다. "개같이 벌어 정승같이 쓴다."는 말처럼 일 자체에서 의미를 느끼기보다 노동의 대가로 주어지는 수입을 지출하는 과정에서 일의 의미를 찾는 관점입니다. 둘째, 노동은 자아 실현의 원천입니다. 노동을 통해 자기 계발을 하고 자기가 추구했던 것을 완성시켜 간다는 관점입니다. 많은 사람들이 이런 꿈을 꿉니다. 셋째, 노동을 통해 우리는 사회적 기여를 할 수 있습니다. 노동과 경제 활동은 사회 속에서 이루어집니다. 나의 노동은 나의 개인적인 활동이라는 차원을 넘어 사회와 닿아 있고 노동 속에서 단지 개인적인 만족과 자아 실현만을 꿈꾸는 것이 아니라 사회에 대한 기여까지 생각하는 관점입니다. 바람직하지만 흔치 않은 관점이지요.

그런데 현실에서 노동은 대개 고통으로 다가오며, 노동자들은 노동을 통한 자아 실현은커녕 생존 유지조차 힘겨워하고 있습니다. 이처럼 노동의 부정적 측면만 드러나는 현상을 '노동 소외'라고 합니다.

철학적 의미에서 '소외'는 주체가 자신의 산물로부터 배제되는 상태를 의미합니다. 사회 제도를 비롯한 인간 노동의 산물이 그것을 생산한 주체인 인간으로부터 멀어지고 심지어 그것이 인간들을 지배하는 상태를 소외라고 말합니다. 그렇게 되면 인간들은 주인으로서의 자리를 잃어버린 채 삶을 살게 됩니다.

1 자신의 노동을 자신이 통제하지 못함

영어로 소외를 뜻하는 'alienation'은 18세기까지 주로 "소유권을 양도하다", "나의 자유를 사회 혹은 지배자와 같은 낯선 힘에 위탁하다"의 뜻으로 쓰였다고 했습니다. 이처럼 쓰이던 말을 주목하여 부각시킨 철학자는 헤겔(G.W.F. Hegel)이었습니다. 헤겔은 노동을

"주체가 대상을 변형하면서 동시에 자기 자신을 정립(定立)하는 인간 고유의 합목적적 활동"이라고 보았습니다. 노동을 통해 인간이 자신의 본질적인 능력을 발휘하며, 역사를 스스로 만들어간다고 보았습니다. 헤겔은 인간이 자신의 본질적 모습을 대상을 통해 드러내는 외화 과정을 곧 소외라고 생각했습니다.

그런데 마르크스(K. Marx)가 보기에는 노동에 이러한 긍정적인 면만 있는 것이 아니라, 오히려 현실의 인간에게는 노동이 고통스러운 모습으로 다가온다는 것을 보았습니다. 마르크스에게 '노동 소외' 혹은 '소외된 노동'이라는 것은 부정적인 의미를 띕니다. 본래 주체적이고 합목적적이어야 하는 활동인 노동이 주체적인 활동이 되지 못하고 있는 현실을 드러내기 위해 '노동 소외'라는 개념을 사용합니다.

과거에 노동은 '기예(技藝), 즉 art'였습니다. 인간의 노동은 장인에 의해 수행된 예술의 경지에 달한 것으로서 숙련과 '마스터'를 필요로 하는 창조 작업이었습니다. 그러나 근대의 '공장' 속에서 이루어지는 '기술(技術, 즉 technology)'로서의 노동은 노동자의 통제 범위를 벗어난 영역과 결부되어 있습니다. 게다가 인간이 만들어낸 기계의 속도를 거꾸로 인간이 따라잡아야 하는 현상이 빚어집니다.

우리는 찰리 채플린의 영화 「모던 타임즈」를 알고 있습니다. 여기에서 공장 노동자인 찰리 채플린은 컨베이어벨트 시스템에서 나사를 조이는 노동을 합니다. 그러던 중 노동 강도를 높이기 위해 점점 더 빨리 돌아가는 컨베이어벨트의 속도에 맞춰 노동하는 사이에 정신이 혼미해져 지나가는 여성의 단추마저 조이려 드는 채플린의 모습이 그려집니다. 더 이상 노동의 주체가 인간이 아닌 것이지요. 인간은 공장 시스템의 부속품처럼 되어 있는 것입니다. '인간 능력의 실현'이라는 노동의 궁극적인 목적은 사라지고 본래 인간이 만들었던 공장 시스템의 부속품으로 전락한 모습. 이처럼 기계적인 움직임만이 남아 있는 노동 현장의 모습을 희화화하여 고발하고 있는 작품이지요.

카프카의 『변신』에서 그레고르에게도 노동은 자신의 능력을 실현시키는 창조적인 활동이 아니라 상사의 감독과 지시 속에서 수동적으로 이루어지는 돈벌이 수단에 그치고 있습니다. 그리고 무엇보다 슬픈 사실은 노동의 이러한 모습이 영화나 소설 속에만 있는 디스토피아적 상상이 아니라 우리 주변의 엄연한 현실이라는 점입니다. 그리고 이를 폭로하는 개념이 바로 '노동 소외'입니다.

2 자신의 생산물을 자신이 영위하지 못함

마르크스가 말한 노동 소외의 또 다른 측면은 '노동 생산물로부터의 소외'입니다. 노동자가 생산한 상품은 노동자의 것이 되지 못합니다. 노동자에게 주어지는 급여는 노동자들이 만들어내는 상품을 살 수 있을 정도로 충분하지 못하기 때문입니다. '88만 원 세대'라는 말은 현대의 더욱 열악해진 노동 상황을 말해 줍니다. 그러나 상품은 저마다 자기를 사달라고 더욱 반짝입니다. 끊임없이 쏟아져 나오는 소위 '신상'과 '새로운 유행'은 내 소유물을 계속 낡은 것으로 만들고 나를 계속 시대에 뒤진 사람으로 만들어 필사적으로 소비의 대열에 끼고 싶게 만듭니다.

이렇듯 '노동 생산물로부터 소외'라는 말은 노동자가 아무리 많은 물건을 만들어낸다고 해도, 그 생산물들을 모두 향유할 수 없다는 것을 뜻합니다. 일한 만큼 충분한 대가가 주어지지 않기 때문이라는 것이 첫 번째 이유입니다. 그리고 한 번 물건을 사고 더 이상 사람들이 물건을 사지 않으면 자본이 커질 수 없기 때문에 자본은 확대 재생산을 위해 물건을 사고, 또 사게 만들어야 하기 때문에 유행을 만들어내고 기술을 자꾸만 개발해 더 좋은 물건을 끊임없이 만들어냅니다. 노동자는 아무리 생산해도 받는 임금의 한계로 새로운 물건을 계속 소비하기 어려운 상황에 놓이게 되는 것이지요.

그레고르는 아무리 열심히 일해도 사랑하는 여동생을 음악 학교에 보낼 수 있을 정도의 형편도 되지 못했습니다. 이 모습은 다름 아니라 우리 부모님의 모습입니다. 부모님은 아무리 열심히 일해도 늘 사랑하는 아이를 위해 충분히 해주지 못한다는 마음에 시달립니다. 멀쩡한 피처폰을 버리고 스마트폰을 샀지요? 피처폰이

부서져서가 아니었지요? 식구들의 휴대폰의 단말기 할부 대금을 미처 다 내기 전에 쏟아져 나오는 무수한 새로운 기기들. 아무리 일해도 우리는 그 생산물을 충분히 향유할 수 없습니다. 이것이 바로 '노동 생산물로부터의 소외'입니다.

3 공동체의 붕괴

소외가 영어로 'alienation'이라고 했습니다. '에이리언으로 만들기'라는 뜻이지요. '에이리언(alien)'은 '외국인'을 뜻하는 말로서, 국내법과 국제법상 외국에서 출생했지만 당해 국가에 거주하는 자로서, 혈통이나 귀화에 의해 당해 국가의 국적을 취득하지 않고 여전히 그 외국 국적을 지니는 자입니다.

고대에는 대체로 외국인을 적으로 간주하여 범죄인 또는 법익 피박탈자(outlaw)로 취급했습니다. 그 이유는 '도편추방제'라는 형벌에서 알 수 있듯이 고대 사회는 폴리스라는 공동체의 일원일 때에만 인간으로서의 삶이 영위될 수 있었기 때문입니다. 공동체에 해를 끼칠 수 있는 자는 사형보다 공동체에서 쫓아내는 것이 더 가혹한 형벌이었을 정도로 공동체의 질서를 중심으로 사람들의 삶이 영위되었습니다.

중세에도 여전히 '성(城)'을 중심으로 한 공동체의 삶이 지속되었습니다. 공동체는 혈연, 지연, 우정 등과 같이 인간에게 본래 갖추어져 있는 본질적인 특성에 따라 이루어진 유기적 통일체로서의 사회를 뜻하는 것입니다. 그런데 근대 사회에서 도시화가 진행되면서 사람들은 일상적으로 '낯선 사람'과 만나게 됩니다. 이제 공동체는 더 이상 전통적인 공동체처럼 혈연을 중심으로 하며 공동체의 역사와 개인사가 일치하고 끈끈하게 엮여 있는 성격의 전통적 공동체가 아닙니다. '낯선 사람 간의 결사'로서의 '사회'라는 현상이 출현하게 된 것입니다.

사회라는 현상이 출현함으로써 사람들의 삶에 일어난 변화는 사람들이 '원자적 개인'으로 되었다는 것입니다. 여기서 퇴니에스라는 독일 사회학자의 개념이 유용한데, 퇴니에스는 사회가 공동 사회(독일어, Gemeinschaft)에서 이익 사회(독일어, Gesellschaft)로 이행하고 있다고 보았습니다. 공동 사회는 전통적인 공동체 개념에 가깝습니다. 공동 사회에서는 인간의 삶이 자연 및 타자와의 조화와 통일을 중시하는 데 비해 이익 사회에서는 정복과 대립을 지향하고 이익의 추구를 위해 경쟁 행위와 경쟁적 사고에 몰두합니다.

오늘날의 사람들은 공동체적 관계보다는 계약 관계와 이해 관계로 묶여 있기에, 타인이 나와 맺은 계약대로 움직이지 않거나 이해 관계를 달리 할 때에는 가차 없이 관계를 단절할 뿐만 아니라 소송을 걸어 다투게 됩니다. 내가 타인과 관계를 맺고 싶을 때는 그가 나에게 이익이 될 때입니다. 타인은 쓸모로 인식되고, 쓸모가 다했을 때에는 가차 없이 버려집니다.

『변신』에서는 하숙인들의 모습이 곧 이익 사회의 모습입니다. 자신들을 돌본 사람들의 정성과 특수한 가족 상황에는 관심이 없습니다. 이들이 그동안 쏟은 정성이나 이들에게 닥친 불행에 대해서는 아랑곳하지 않고 하숙 계약 속에 없던 벌레가 나왔을 때 피도 눈물도 없이 계약을 파기하며 더 나아가 이들에게 손해배상 청구를 하고자 합니다. 문제는 이들의 모습이 이상하다고 느껴지지 않고 당연하다고 느껴진다는 점입니다. 가족마저 서로를 쓸모로 생각하는 상황에서 타인이야 오죽하겠습니까?

4 이질성의 위계화

이렇게 이질적인 사람들이 만나는 공간 속에서 '타자화'라는 현상이 발생합니다. 서로 다른 관습과 전통 속에 있는 다른 사람들을 자신의 방식대로 곡해하면서 주류 집단과 비주류집단 속에 있는 이질성을 비주류집단의 열등함으로 치부하는 타자화 현상이 발생하는 것이지요. '서발턴(subaltern)'이라는 개념이 있습니다. 서발턴은 '하층민, 하위 주체, 종속 계급' 등으로 다양하게 번역되기도 하고 '서발턴'이라고 번역하지 않은 채 쓰기도 하는 개념입니다. 사회와 역사를 파악하며 이 용어를 개념화한 사람은 안토니오 그람시 (Antonio Gramsci)였습니다. 그람시는 서발턴을 '헤게모니, 즉 주도권을 장악하지 못한 집단이나 계급'의 의미로 사용했습니다. 주류

문명을 쥔 쪽이 기득권을 행사하면서 비주류 집단에 대해 그들이 가진 특성을 더욱더 열등하고 불편한 것으로 만들며, 동시에 그러한 열등성이 지배를 받아야 할 이유라는 생각을 만들어내는데, 그렇게 제조된 타자가 곧 서발턴입니다.

단적으로, 남아프리카공화국으로 이주했던 네덜란드인은 '아파르트헤이트'라고 하는 차별 정책을 펼칩니다. 백인, 유색인, 흑인 간에 사용할 공간도 달리 하고 이들 간 혼인을 금지하는 등 분리 정책을 펼쳤습니다. 그리고 네덜란드어와 원주민 언어 사이에 탄생한 피진어인 아프리칸스어를 공용어로 배우라는 강제까지 합니다. 흑인들은 아파르트헤이트와 아프리칸스어를 배우라는 정책에 대해 저항을 하게 되고, 오랜 저항 끝에 흑인 및 유색인에게도 참정권을 부여하는 신헌법이 탄생합니다. 이때 석방된 넬슨 만델라는 1994년 남아프리카 최초의 다인종선거에서 대통령으로 당선됩니다.

만델라는 남아공 최초의 흑인 대통령으로서 많은 업적을 남겼는데 기억할 만한 일 중의 하나는 '호텐토트 비너스'라 불리며 유럽에 전시되다가 숨진 '사르키 바트만(1789~1815)'이라는 여성의 시신을 되찾아 온 것입니다. '호텐토트 비너스'란 '열등한, 기이한 비너스'라는 뜻으로 엉덩이가 유난히 큰 한 흑인 여성을 유럽인이 납치해 와서 유럽인에게 동물처럼 전시했습니다. 사르키 바트만을 큰 엉덩이에 과도하게 성욕만 발달해 문명의 발달은 더딘 흑인의 상징으로 삼아 전시하면서 열등한 흑인을 유럽인이 지배해야 한다는 근거처럼 활용했던 것입니다. 거기에 그치지 않고 과학이라는 이름으로 시신마저 박제화해 전시되고 있었던 여인의 시신을 넬슨 만델라가 수습해 옴으로써 흑인이 열등하다는 유럽인의 편견을 종식시키려 한 상징적인 사건입니다.

역사책을 뒤져 보면 이러한 사건은 한두 가지가 아닙니다. 사람들을 서로 다른 특성으로 구별을 하고 이러한 차이를 자연스럽게 서열화하면서 우월한 쪽이 열등한 쪽을 지배하는 논리로 삼은 것이 곧 인류 역사의 논리라고 할 정도로 '타자화'는 인간사에 만연해 있습니다. 그리고 이것이 무엇보다 소외 개념의 핵심입니다.

'남성과 여성', '백인과 흑인' 등 타자를 만들어내는 경계들에서 경계 안에 있는 사람과 경계 밖에 있는 사람이 구분됩니다. 이들 간의 차이는 단순한 차이가 아니라 차별의 근거가 됩니다. 이러한 경계에 대한 반응은 차이를 차별의 근거로 삼아서는 안 된다는 저항도 있지만, 경계 안으로 들어가려 애쓰고 경계 안에 들어가서는 또 다른 경계를 만들어내는 모습도 있습니다. 전자는 소외를 벗어나려는 몸부림인 반면 후자는 소외된 모습입니다.

그레고르의 가족들은 가난에 허덕이면서도 자신들을 허덕이게 만드는 원인인 큰 집을 버리지 못합니다. 작은 집으로 이사를 가면 덜 허덕여도 될 텐데 주변의 눈총을 의식해서 이사를 하지 못했던 것입니다. 그레고르의 가족은 이렇듯 소외를 벗어나지 못합니다.

이러한 조건 속에서 현대인은 자신의 삶에 대해서조차 낯설게 바라보는 상황에 처합니다. 자신의 삶이 자신의 것이 아니라는 것을 느끼면서 우리는 무력감에 빠집니다. 나의 고유한 삶은 사라지고, 나는 머릿수로 헤아려지며 나는 대체 가능한 부품으로 취급됩니다. 내가 누구인가, 나는 무엇을 위해 사는가를 물을 틈이 없습니다. 일상에 매몰되어 있는 상황에서는 이를 느낄 수가 없습니다. 일상에서 빠져나와 나의 삶을 낯설게 바라볼 때, 돌연 무의미함이 몰려옵니다.

카프카의 『변신』은 우리 삶의 무의미와 무력감으로서의 '소외'를 벌레로 변한 어떤 외판원의 죽음을 통해 일깨우고 있습니다. 그가 자신을 전혀 쓸모 없는 존재로 느끼게 된 누이동생의 말을 듣고 그 무의미 속에서 다음 날 시체로 발견되었을 때 가족들은 그의 죽음에 대해 별다른 사건이라고 생각하지 않고 그의 죽음을 담담하게 받아들입니다. 그리고 가족들은 기차를 타고 소풍을 가서 이사를 갈 계획, 누이동생을 시집 보낼 희망을 품습니다. 그러나 이들의 희망은 헛되어 보입니다. 작품의 엔딩 장면 뒤에 이어질 이들의 삶 속에서 병이나 실직으로 인해 또다시 아버지가 혹은 어머니가, 그레테가 그레고르처럼 취급되지 않는다는 보장이 없기 때문입니다.

현대인은 노동 소외와 공동체의 붕괴, 그리고 끊임없이 작동 중인 타자화 속에서 저마다 깊은 고독감과 상실감 속에서 살고 있습니다. 현대의 개인은 익명의 대중이 되었습니다. 옛 가치는 사라지고 새로운 가치는 정립되지 않았습니다. 이를 뒤르켐은 '아노미(anomie)'라고 말합니다. 아노미는 '규범'을 뜻하는 'nomy'와 '부정(~없다, ~아니다)'을 뜻하는 'a'가 결합된 그리스어에서 유래했습니다. 말 그대로 '무규범성'을 뜻합니다. 공동체의 붕괴와 더불어 사회 규범이 해체되고 개인주의가 만연하면서 사람들을 결속시킬 끈이 사라지고 만 것입니다.

막스 베버의 관찰에 따르면 사회조직이 합리화되면서 점점 더 비인간적인 관료제도가 팽창되고, 이 과정에서 현대인이 쇠우리(iron cage)에 갇히고 말았다고 합니다. 본래 '우리(cage)' 안에는 새가 살고 있어야 합니다. 새는 희망, 삶의 목적을 뜻하지요. 사람들의 삶을 가치롭게 하는 것들입니다. 가령 사랑, 우정, 선(善), 행복과 같이 삶 속에서 추구하는 목적들입니다. 그런데 현대인의 삶 속에서는 그런 목적은 상실되고 사람들은 그저 일정한 기준으로 측정되는 차가운 관료 제도 속에 갇히게 되었다는 생각이 베버의 '쇠우리'라는 말 속에 투영되어 있습니다.

현대인은 이익의 관점에 따라 측량됩니다. 이러한 현상이 심리적인 차원의 일탈을 낳았고 그것이 왕따와 같은 부정적인 현상으로 드러납니다. 왕따는 뒤르켐이 관찰한 아노미와 베버가 관찰한 쇠우리의 극단적인 복합 현상일 것입니다. 희망을 잃은 사람끼리의 아귀 지옥 같은 현상인 것이지요. 이런 극단적이고 심리적인 일탈 이면에는 더욱 근본적으로 사회 상태의 흐름이 있다는 점 또한 정확하게 직시해야 할 것입니다. 문제는 어떻게 인간에게 고유한 실존을 회복함으로써 소외에서 벗어날 조건을 마련할 것인가입니다.

카프카의 작품은 베버의 비관주의처럼 현대를 살고 있는 우리가 쇠우리에 갇혀 있다는 점, 출구 없이 갇혀 있다는 점만 지적하고 있는 듯합니다.

소외에서 벗어나기!

그렇다면 소외에서 벗어나는 길은 무엇일까요? 우선 소외의 객관적 요인을 극복하려는 노력을 해야 할 것입니다. 노동을 창조적 활동으로 되돌리는 일이 필요합니다. 우리 사회에서는 노동을 창조적인 활동으로 되돌리려는 노력이 더디지만 다양하게 만들어지고 있습니다. '포디즘'이라는 말과 '도요타 방식'이라는 말이 있는데, 노동자가 콘베이어벨트 시스템에 갇혀 기계 부품으로 전락시킨 현상을 '포디즘'이라고 합니다. 반면 일본 도요타는 포드사와 달리 노동자 한 명 한 명을 대체 불가능한 장인으로 대우합니다. 지금은 도요타의 명성이 흔들리고 있지만, 노동자의 위상을 어떻게 대할 것인가 하는 문제에 대해서 도요타가 취한 관점을 주목하는 것은 여전히 의미가 있을 것입니다.

그리고 '사회적 기업'이라는 시도가 활성화되고 있습니다. 기업은 기본적으로 이윤을 추구합니다. 그런데 사회적으로 의미 있는 활동을 하며 이익을 만들어내서 기업에 종사하는 사람들이 생활을 유지할 수 있도록 하는 기업 형태, 즉 이윤만을 추구하지 않는 기업 형태가 모색되고 있습니다. 사회적 기업은 노동이 단순한 생계 수단도 아니며, 자아 실현이라는 개인적인 의미에만 국한되지도 않는 기업과 노동 형태를 찾는 노력을 보여줍니다.

또한 생산물로부터의 소외를 극복하기 위한 착한 소비 운동, 소비를 미덕으로 아는 경제 체계에 대한 비판 등이 활성화되고 있는 것도 소외된 노동을 극복하는 과정입니다. 열심히 일하지만 늘 가난하게 느껴지는 현실을 극복하기 위한 여러 갈래의 길을 다각도로 찾아내고 일궈내야 합니다. 그것이 사람을 쓸모로만 생각하지 않는 사회, 쓸모라는 잣대로 일렬로 줄 세워놓고 타인을 밟고 서는 경쟁에 내몰리지 않는 사회를 만들어내는 '강자에게 강한' 저항의 모습일 것입니다.

세계에 대해 느끼는 무력감으로서의 소외감을 벗어나기 위해서는 객관적 요인을 극복하려는 노력이 필요한데, 사회 속에 있는 소외를 낳는 힘을 극복하기 위해서는 무엇보다 자기 소외에서 벗어나려는 분투가 선행되어야 합니다.

인간은 근본적으로 한계에 갇힌 존재입니다. 무엇보다 한 번뿐인 인생을 살아갑니다. 미래를 알 수 없고 지나간 시간을 돌이킬 수 없는 시간에 갇힌 존재이며, 모든 것을 할 수 없어서 선택할 수밖에 없는 존재이며, 재화와 재능이 주는 가능성의 한계에 갇힌 존재이며, 이 모든 한계 속에서도 삶의 완성을 꿈꾸는 존재입니다. 하지만 완성은 꿈이고, 현실에는 생성만이 있습니다. 완성을 이뤄 가는 과정이 곧 삶인 것입니다. 과정은 항상 불안합니다. 그리고 이 불안 속에서 우리는 무능력감, 무의미성을 느끼는 순간을 맞습니다. 즉, 소외감입니다. 소외감으로부터 벗어난다는 것은 이러한 불안을 다스리는 것에 다름 아닙니다.

하지만 우리는 이런 생각도 하게 됩니다. "이 불안은 나만의 것일까?" 하는 물음이지요. 나의 소외감에만 빠져 있을 것이 아니라, 나를 둘러싼 모든 사람이 또한 이런 소외감에 사로잡혀 있다는 데 대한 공감이 필요합니다. 나의 소외감을 다른 사람에 대한 통제력으로 잊으려고 하는 태도가 바로 왕따와 같은 부정적인 현상입니다. 왕따는 소외감이 불러오는 가장 비극적인 형태일 것입니다. 소외된 사람끼리의 참담한 다툼이지요. 이런 비극적인 결과에 이르지 않기 위한 출발점은 저마다에게 있는 소외감을 다스리는 방법을 익히는 데 있습니다. 자기중심주의를 버리고 타인과 관계를 맺으려는 욕구, 활동하고자 하는 욕구 등 충만한 삶을 위한 노력이 경주되어야 합니다.

또한 소외감의 승화가 필요합니다. 가령 베르톨트 브레히트는 '소외'의 부정적인 측면만 본 것이 아니라 '소외'가 삶의 진실을 보는 수단이 된다고 생각했습니다. 그는 '낯설게 하기', 즉 '소외 효과'라는 연극 기법을 통해 사람들이 연극의 드라마에 푹 빠져 있을 때 '이것은 허구이다'라는 것을 보여주는 다양한 장치, 가령 극적인 갈등이 고조되어 관객이 몰두할 때쯤 갑자기 조명이 아래로 내려오는 식의 방식을 통해 이것이 연극이라는 점을 일깨워주는 효과를 개발합니다. 이로써 관객은 단순히 연극의 관람객으로 대상화되는 것이 아니라 연극의 참여자로 거듭나며 연극 속에서 삶의 진실에 다가가게 하는 그만의 리얼리즘을 구축했습니다. 브레히트뿐만 아니라 많은 예술가들이 예술의 출발점을 소외감에서 찾고 있다는 데에서 역설적으로 소외의 승화 가능성을 발견할 수 있습니다.

에리히 프롬(Erich Fromm)은 『소유냐 삶이냐』라는 저서를 통해 소외를 극복한 '존재로서의 삶' 개념을 제안합니다. 프롬은 여기에서 능동적인 삶을 강조하는데, '능동적'이라는 것은 "바쁜 상태가 아니라 인간의 힘을 생산적으로 사용한다는 의미에서 내면적 활동 상태"로서, "자기를 새롭게 하는 것, 자기를 성장시키고 흐르게 하며 사랑하는 것, 고립된 자아의 감옥을 초극하며, 타자에게 관심을 가지고, 귀기울이며 베푸는 것"을 의미합니다.

우리는 '소외된 노동', '공동체 붕괴', '타자화'라는 여러 사회적 작용에 의해 '자기 소외'라는 결과에 이르렀습니다. 그런데 '자기 소외'라는 결과는 역설적으로 소외라는 문제를 직시하고 소외로부터 벗어나려는 힘을 길어내는 원천이 되기도 합니다. 소외된 사람끼리의 허망한 경쟁과 서로를 할퀴는 아귀다툼을 할 것이 아니라 나보다 더 아픈 사람의 아픔을 어루만지며 아픔을 보듬는 것이 출발점이 될 것입니다. '소외된 자'와 '소외되지 않은 자'가 있는 것이 아니라 우리는 저마다 소외되어 있습니다. 소외는 다른 소외된 이웃의 문제가 아니라 내 안에 도사리고 있는 아픔입니다.

끝으로 『변신』의 한 장면을 상기하겠습니다. 누이동생 그레테가 그레고르를 위한다고 생각하면서 마음껏 돌아다닐 수 있게 방을 치우는 상황이 있습니다. 그때 엄마는 그레고르가 다시 자기 모습으로 돌아올지도 모르는데 오빠의 책상까지 다 치워버리면 안 된다고 말합니다. 그런데 그레테는 오빠를 위한다면서 모두 치워버리겠다는 고집을 피웁니다. 이때 정작 그레고르는 방을 다 치웠을 때 움직이는 건 편하겠지만 대대로 물려내려 온 조상의 숨결이 깃든 가구의 추억과 자신이 지금까지 살아온 추억이 송두리째 날아가버릴 테니 가구가 그냥 있기를 마음속으로 바랍니다.

이것은 그레테와 그레고르의 간극을 보여주는 장면입니다. 그런데도 그레고르는 그레테가 왜 자기를 이해 못하는지 원망하지 않고 그레테가 사춘기를 겪으며 특유의 고집을 부린다고 이해를 하고 있습니다. 반면 그레테는 벌레로 변한 뒤의 그레고르를 '벌레'라고만 보게 되었기에 그레테가 할 수 있는 배려를 하고는 있지만 자기 소외의 자각이 없는 그레테의 배려는 강자가 약자에게 보내는 배려에 머물고 있는 것입니다.

내가 당신보다 낫기 때문에 내가 당신을 배려한다는 태도와 아

픈 사람끼리 아픈 마음을 알기에 그 아픔을 보듬는다는 태도 간에
는 차이가 있습니다. 그리고 그레테의 배려 방식이 이 차이를 보여
주는 것입니다.

소외는 성격상 나와 나의 바깥 사이에서 벌어진 일입니다. 소외
는 나의 강한 의지만으로는 극복할 수 없습니다. 너의 약함을, 너
의 아픔을 나의 아픔에 비추어 어루만질 수 있을 때 비로소 우리
사이에서 벌어진 소외가 극복될 수 있습니다. 나의 아픔에 비추어
나보다 더 아픈 너를 보듬을 때, 강자에게 강하게 저항하고 약자에
겐 한없이 약해질 수 있을 때, 우리는 비로소 소외를 딛고 서로를
부둥켜 안을 수 있을 테지요.

셋째 날.

하버드 대학 강의실에 없는 것은 무엇일까?

『홍길동전』
허균 원작
(현암사, 2000)

허균의 『홍길동전』으로 읽는 사회 정의

박민철

왜 우리는 사회 정의를 말하는가?

지난 2~3년간 한국 사회를 떠들썩하게 만든 주제 중 하나는 바로 '정의(justice)'라고 할 수 있습니다. 물론 마이클 샌델의 『정의란 무엇인가』가 한국 사회에서 유명해지면서 본격화된 경향이 없진 않더라도, 정의에 대한 논의는 이제 한국 사회의 뜨거운 화두로 자리매김했다고 생각합니다. 어찌 됐건 우리 사회에서 정의에 대한 여러 이야기가 나오는 현상은 무척 고무적인 일이죠. 그런데 여기서 중요한 점은, 정의라는 개념에 대한 보다 섬세하고 치밀한 이해가 필요하다는 것입니다. 왜냐하면 이런 험난한 과정을 거쳐야만 비로소 정의에 대한 여러 이야기가 진정으로 우리 사회에 보탬이 될 수 있기 때문입니다.

정의라는 말의 기원을 따지자면, 그리스어 'dikaiosynē(dikē, dikaiotēs, dikaion)'에 해당합니다. 이 말은 '올바름', '공정성' 등으로 번역할 수도 있습니다. 그런데 애초 정의라는 개념은 넓은 의미에서 자연 전체를 포괄하는 광범위한 의미로 사용되었습니다. 예를 들어, 고대 그리스에서 정의란 '조화로움'과 비슷한 의미에서 생각되었습니다. 당시 그리스인들에게 이 세계는 높음과 낮음, 어둠과 밝음, 남과 여 등과 같이 서로 상반되고 대립하는 것들로 구성된 세계였습니다. 여기서 그리스인들은 서로 대립하는 이러한 것들이 갈등과 투쟁을 극복하고 조화로운 상태로 진입할 때 비로소 정의가 생겨난다고 보았습니다. 다시 말해 대립과 갈등을 극복하고 어떻게 조화를 만들어갈 수 있을까? 바로 이것이 정의라는 개념이 등장하게 된 가장 기본적인 맥락이라고 할 수 있습니다.

이러한 맥락에서 정의는 오랜 기간 사람들 사이에서 강조되어 온 주된 기준들 가운데 하나가 되었습니다. 이 '정의'를 설명하는 쉬운 예가 있습니다. '정의(dikē)'란 단어는 고유명사로 쓰일 때 '정의의 여신'을 의미한다고 하죠. 그런데 정의의 여신은 장님이었다고 합니다. 학생들의 외모나 집안 환경 같은 배경들을 배제하고 공정하게 판단하기 위해, 학교 선생님이 답안지를 쓴 학생의 이름을 가리고 채점하는 모습을 떠올리면 될 듯합니다. 고대 그리스를 지나 이제 정의는 자연의 조화로움을 넘어서, 인간 세계의 올바름과 공정함을 판단하기 위한 보다 적극적인 기준을 의미하게 됩니다.

갑자기 훌쩍 뛰어넘는 느낌이 들지만, 우리의 논의를 위해 시간을 조금 더 현재로 진행시켜 봅시다. 17~18세기 들어 사람들은 인간 행위를 통해 세계와 사회를 바꿀 수 있다고 생각하기 시작합니다. 그것과 동시에 정의를 생각하는 방식은 보다 구체적으로 사람들 사이에서 자리 잡게 됩니다. 정의의 의미에는 '조화를 만들어내는 인간 행위의 기준'이라고 하는 적극적이고 실천적인 의미가 들어오게 됩니다.

19세기 들어 이런 생각들이 보다 확고해졌습니다. 사회의 제도들은 인간 행위의 결과물이며, 이 결과물은 인간의 노력에 따라 바뀔 수도 있다는 생각을 많은 사람들이 더욱더 강하게 받아들이기 시작합니다. 왜냐하면 당시의 많은 사람들은 자신들의 삶을 더 비참한 삶으로 내몰곤 하는 사회적 제도로 고통받고 있었기 때문입니다. 따라서 19세기 이후 사회의 이익 또는 고통을 공정하게 나누는, 무분별하게 퍼진 차별과 억압을 없애는, 인간의 근본적인 가치인 자유와 평등을 정당하게 보호하는, 올바르며 아름다운 삶을 만들어가는 기준으로서 정의에 대한 이야기가 활발히 전개됩니다. 바로 이와 같은 정의의 성격이 '사회 정의'라고 할 수 있습니다. 이렇게 볼 때 정의는 그 의미상 본질적으로 사회 정의일 수밖에 없습니다.

지금까지 정의 개념의 변화상을 간략하게 알아보았습니다. 그런데 보다 중요한 사실은 우리들이 '정의'를 물을 때 겪게 될 수밖에 없는 어려움이 존재한다는 것이죠. 왜냐하면 역사적 과정을 살펴보더라도 때로는 상반될 수 있는, 정의에 대한 다양한 정의(定義)가 등장하고 있기 때문입니다. 나아가 "우리 사회는 하나의 고정된 정의를 가져야만 한다."는 식의 합의 역시 현재까지도 이뤄지지 않고 있습니다. 그렇기 때문에 정의에 대한 논의에는 "각자에게는 각기 다른 자신만의 정의가 있다."는 주관적이고 회의적인 관점이 과거부터 현재까지 강하게 받아들여지고 있죠. 그렇다고 하더라도 우리는 정의가 갖는 힘을 알고 있으며, 그에 따라 정의에 대한 논의를 끊임없이 이어가고 있습니다. 정의에 대한 공통적 토대와 합의된 기준이 없으며, 나아가 다양한 정의관이 존재한다는 사실이 정의에 대한 우리의 관심을 가로막을 순 없습니다. 어찌됐건 우리는 현재의 '부정의'한 세계를 극복하기 위해 정의의 힘을 매우 필요로 합니다. 정의의 의미와 목적을 밝히며, 이것을 통해 보다 나은 세계로 나아가려고 하는 우리의 노력은 끊임없이 지속되어야 합니다.

그런데 정의의 의미와 목적을 밝히며 보다 나은 세계로 만드는 노력을 그린 소설이 바로 허균의 『홍길동전』이라고 할 수 있죠. 그 이야기 안에는 다양한 정의 이야기가 숨겨져 있습니다. 사회적 차별에 분노했던 홍길동의 모습에서부터, 가난한 자에게 재물을 나눠주는 의로운 행위, '율도국'이라는 평화롭고 행복한 사회를 만드는 장면까지 정의에 대한 다양한 이야기가 나오고 있습니다.

앞으로의 이야기는 『홍길동전』을 통해 엿볼 수 있는 다양한 정의 이론들을 소개하며, 이 이론들을 통해 다시금 『홍길동전』을 해석하는 방식으로 진행될 것입니다. 다시 말해 『홍길동전』을 이야

정의의 의미와 목적을 밝히며
보다 나은 세계로 만드는
노력을 그린 소설이 바로
허균의『홍길동전』이라고 할
수 있죠.
그 이야기 안에는 다양한 정의
이야기가 숨겨져 있습니다.

기하면서 정의를 발견하고 다시금 이 정의론을 통해『홍길동전』을
새롭게 읽기, 나아가『홍길동전』에 나오는 다양한 정의론을 통해
오늘날의 사회를 이해하기, 궁극적으로는 새로운 나를 만날 수 있
는 가능성을 발견하기, 그것이 바로 이 글의 목적입니다. 그렇다면
『홍길동전』으로 읽는 사회정의', 그것은 무엇일까요? 한번 살펴
보도록 하겠습니다.

Reading

철학 시간에 『홍길동전』 읽기

1 허균은 누구인가?

우선 『홍길동전』의 지은이인 허균에 대해 간단하게 알아보도록 하겠습니다. 허균은 1569년 학자와 예술가 가문에서 출생해서, 1618년 생을 마감한 소설가이자 문장가입니다. 허균은 소설 『홍길동전』, 『장생전』, 『남궁선생전』, 『장산인전』 등을 썼으며 17세기 소설 문학을 더욱 발전시키는 데 영향을 끼쳤습니다. 그는 어려서부터 아버지 허엽, 형들인 허성과 허봉, 누이인 허난설헌의 영향을 받으면서 글짓기와 책읽기에 큰 관심을 두었다고 합니다.

허균과 그 형제들은 예술 방면에서 두각을 나타냈습니다. 형 허봉은 당대 최고의 문장가였으며, 누이 허난설헌 역시 중국에까지 자신의 시가 유명하게 알려졌던 문장가였습니다. 이러한 집안의 분위기에 따라 허균 역시 시인, 소설가로 널리 알려지게 됩니다.

그런데 허균은 다른 형제와는 조금 달리 특별한 경험들을 자신의 삶 속에서 겪게 되죠. 20대에는 '임진왜란'과 '정유재란'을 겪으면서 죽을 고비를 여러 차례 넘기기도 하였으며, 이 전쟁을 통해 아내와 갓 태어난 아들을 잃기도 하였습니다. 또한 40대에는 유배살이로 당시 민중들의 어려운 삶을 직접 목격하거나 자신도 비슷한 어려움을 겪기도 합니다. 그 결과, 현실에 대한 실망과 더불어 새로운 사회에 대한 열망이 허균 맘속에 자리 잡게 됩니다.

특히나 허균은 서자들의 불행한 처지를 동정하여 봉건적 신분 제도(서얼제도: 조선시대, 첩의 자식이나 자손을 차별하던 제도)의 불합리성을 비판하기도 하였습니다. 자신이 겪었던 험난한 체험은 신분의 귀천을 가지고 사람의 가치를 젤 수 없다는 견해로 허균을 이끌었습니다. 허균은 바로 이러한 견해를 가지고 서자 출신의 작가, 시인들의 창작 활동을 지지하였으며, 생애 말기에는 서자 출신인 홍길동을 주인공으로 하는 최초의 한글소설 『홍길동전』을 창작하였습니다.

2 최초의 국문소설 『홍길동전』

허균이 지은 『홍길동전』은 우리나라 최초의 국문소설, 영웅소설, 사회소설입니다. 이 작품은 연산군 시절 실존 인물인 '홍길동'을 소재로 하고 있습니다. 허균은 도적떼 두령인 홍길동이라는 인물을 통해 당시 조선 사회에 대한 비판적 시선을 낱낱이 보여줍니다. 그런데 『홍길동전』의 지은이가 허균인지에 대해서는 학계의 논란이 있습니다. 하지만 허균과 비슷한 시대에 살았던 택당(澤堂) 이식(李植, 1584~1647)의 저서에서 허균이 중국의 『수호전』을 모방하여 『홍길동전』을 지었다는 구절이 나오는 것을 근거로 하여, 『홍길동전』의 저자가 허균이라는 것은 일반적인 사실로 받아들여지고 있습니다. 현재 『홍길동전』을 허균의 작품으로 보는 것이 학계의 다수 의견입니다. 그러나 허균이 지은 『홍길동전』이 한문본이었느냐 국문본이었느냐 하는 문제, 또 오늘날 전해지고 있는 『홍길동전』이 바로 허균이 지은 그대로의 내용이냐 하는 문제는 아직 풀리지 않는 의문으로 남아 있습니다.

『홍길동전』에 대한 연구에 있어서 하나의 흥미로운 의견을 소개할까 합니다. 애초 허균이 지은 『홍길동전』에는 도적 행각만 있었고 해외 활동은 나타나 있지 않았다고 합니다. 그런데 조선 후기 해외에 대한 관심이 높아지면서 『홍길동전』에 해외 부분(율도국)이 첨가되어 재구성된 것이 아닌가 하는 의견이 있습니다. 우리나라의 역대 설화에서 18세기 중반 이전의 작품에는 바다로 나가 해외에 어떤 이상향을 건설한 이야기가 거의 보이지 않고, 18세기 후반에 쓰인 문헌설화에서야 비로소 '해외 이상향 건설 이야기'가 집중적으로 등장하고 있다고 사실이 이러한 의견의 근거입니다.

3 인물 '홍길동'과 작품 『홍길동』에 대한 평가

그렇다면 우리에게 친숙한 홍길동은 실제 역사 속에서 어떤 인물이었을까요? 아쉽지만 홍길동은 우리가 상상해 왔던 모습과 달리 그저 단순한 도적일 뿐이었다는 것이 최근 연구자들 사이에서 합의된 결론이라고 합니다. 물론 소설 속의 홍길동은 조금은 다른 인물입니다. 부정의한 사회 체제에 대한 저항, 의로운 도적 활동을 한 홍길동이었기에 우리는 아직까지도 『홍길동전』을 읽으며 홍길동이란 이름을 기억하는 것일지도 모릅니다. 『홍길동전』처럼 사회적 차별의 문제에 대해 날카로운 비판을 제기하고, 그 문제를 가정에서 사회로 확대시키며, 억압과 차별을 넘어서는 새로운 질서를 묘사한 작품은 매우 찾기 어렵습니다. 『홍길동전』에 대한 대다수의 연구들 역시도 이러한 의미를 매우 중요하게 평가하고 있습니다. 바로 이러한 점에서 『홍길동전』은 '정의'에 대한 우리들 자신의 이야기를 펼칠 수 있는 무척 소중한 자료라고 할 수 있습니다.

『홍길동전』은 내용상 총 10장으로 구성되어 있습니다. 1. '길동의 탄생', 2. '아버지를 아버지라고 부르지 못하다', 3. '자객을 죽이고 집을 떠나다', 4. '활빈당 두령으로, 해인사와 함경 감영을 털다', 5. '포도대장을 혼내다', 6. '여덟 길동이 붙잡히다', 7. '병조판서에 오르다', 8. '제도로 옮기고, 을동을 죽이다', 9. '아버지의 죽음', 10. '율도국 정벌'의 내용입니다. 『홍길동전』의 구성에 대한 조금 흥미로운 사실을 이야기하자면, 『홍길동전』의 이와 같은 내용 구성은 남한뿐만 아니라 북한 역시도 동일하다고 합니다. 그런데 독특하게도 『홍길동전』에 대한 북한의 평가는, 이 작품을 첫째, 가부장적 봉건제도인 적서차별제도의 철폐를 주장, 둘째, 왕조의 봉건적 통치제도를 반대하는 백성들의 저항은 불가피하며 역사적으로 정당하다는 주장, 셋째, 봉건 신분제도를 넘어서서 살기 좋은 이상 국가를 건설하는 데 대한 문제를 주장한 것으로 이해하고 있다는 사실입니다. 대체적으로 남한의 의견과 비슷하지만 두 번째 부분이 조금은 특징적으로 다르다고 할 수 있겠습니다.

『홍길동전』에서 사회 정의를 읽다

이제 『홍길동전』의 해석으로 넘어가 봅시다. 저는 여기서 『홍길동전』에서 엿볼 수 있는 '사회 정의'라는 주제에 맞춰 전체 이야기 중 몇 가지를 추려보고자 합니다. 약 다섯 가지 정도의 장면이 눈에 띄네요. 우선 각각의 장면으로 넘어가 봅시다.

1 아버지를 아버지로 부르지 못하다

첫 번째 장면은 홍길동이 아버지를 아버지라고 부르지 못하는 데서 느끼는 슬픔을 강하게 표현하는 장면입니다. 본인은 아버지라고 부르고 싶지만 첩의 아들 출신인 홍길동은 아버지를 아버지라고 부를 수가 없지요.

"옛 사람이 이르기를 '왕후장상(王侯將相)의 씨가 따로 없다'고 하였는데 나를 두고 하는 말인가? 세상 사람이 가난하고 천한자라도 부형 (父兄)을 부형이라 하는데, 나만 홀로 그러지 못하니 내 인생이 어찌 이러할까."

"소인이 대감의 정기를 타 당당한 남자로 태어났으니 이만큼 즐거운 일도 없을 것입니다. 다만 평생 서러운 것은 아비를 아비라 부르지 못하고, 형을 형이라고 못하는 것입니다."

"재상가의 천한 몸종 소생이 비단 너뿐이 아닐 것인데, 그런 방자한 마음을 먹지 말아라. 앞으로 또 그런 말을 함부로 한다면 너를 다시는 보지 않겠다."

지금 우리들이 보기엔 조금은 이해하기 힘든 부분이죠? 우리들은 모두 아버지를 아버지로, 어머니를 어머니로, 형을 형으로 부를 수 있습니다. 오히려 그렇게 안 부르는 것이 이상한 상황이에요. 하지만 홍길동에겐 절실한 문제였던 것처럼 보입니다. 그렇다면 홍길동이 그렇게 부르고 싶어 했던 '아버지란 이름'이 정의와 무슨 상관이 있을까요?

2 분노와 복수심으로 자객을 죽이다

두 번째 장면은 자신을 죽이러 온 자객에게 홍길동이 분노를 보이는 장면입니다. 홍길동은 분노에 사로잡혀 자신을 죽이러 온 자객과 계략을 꾸민 무당을 죽이게 됩니다.

> "네가 분명 길동이로구나. 나는 네 부형(父兄)의 명령을 받아 너를
> 죽이러 왔다."
> "하찮은 사내는 들으라. 네가 재물을 탐하여 죄 없는 사람을 살해하
> 고자 했으니 지금 너를 살려 주면 뒷날 죄 없는 사람이 수없이 상하리라
> 어찌 살려 보내겠는가?"
> "너의 악행이 하늘에 사무쳐 오늘날 내 손을 빌려 악한 무리를 없애
> 게 하는 것이다."
> "초낭자는 나의 의붓어미여서 그 죄를 논할 수도 없지만 너 같은 악
> 종을 내 어찌 살려 두겠는가. 너를 죽여 뒷사람들에게 경계토록 하겠다."

홍길동의 분노심이 무척이나 강하게 느껴집니다. 하지만 지금
우리들의 눈으로 따져 봤을 때 너무하다는 생각이 드는 것도 사실
입니다. 정당방위라 하기엔 홍길동의 힘과 무예가 훨씬 더 강했습
니다. 여기서 중요한 것은 홍길동이 보여주고 있는 분노와 복수심
입니다. 그런데 분노와 복수심은 조금은 자세히 따져봐야 할 감정
인 것 같습니다. 분노와 복수심은 단순히 나쁜 것이고 순화되어야
만 한다는 생각은 너무 수동적인 생각일 수 있습니다. 그렇다면 분
노와 복수심이 정의와 무슨 상관이 있을까요?

3 세상 모두가 나를 손가락질 하다

세 번째 장면은, 개인적으로 『홍길동전』에서 가장 가슴 아픈 장면이라고 생각합니다. 홍길동은 자신이 겪은 차별의 경험을 가슴 아프게 털어놓고 있습니다.

"위 아래 종들이 다 저를 천하게 보고, 친척과 오랜 친구마저도 저를 손가락질하며 아무개의 천생이라 이릅니다. 이런 원통한 일이 또 어디에 있겠습니까?"

"어머니는 소자와 전생에 연분이 있어 이 세상에서 모자가 되었으니, 낳아 길러 주신 은혜가 하늘과 같이 크고 넓습니다. 남아(男兒)가 세상에 나서 입신양명(立身揚名)하여 위로 제사를 받들고, 부모를 길러 주신 은혜를 만분의 하나라도 갚아야 할 것인데, 이 몸은 팔자가 사납고 복이 없어 천생이 되어 남의 천대를 받으니, 대장부가 어찌 근본을 지켜 후회를 하겠습니까? 이 몸은 당당히 조선국 병조판서 도장을 차고 상장군이 되지 못할 바에는 차라리 산중에 들어가 세상 영욕을 잊고 살려 합니다."

여기서 가장 눈에 띄는 역사적 사실은 조선 사회가 보여줬던 적서차별(본처의 자식과 첩의 자식의 차별, 특히 과거시험에 응시할 수 없었던 역사적 사실)입니다. 본처의 자식과 첩의 자식을 차별한 적서차별제도는 조선시대 단순히 가족 내에서 벌어진 것이 아닌, 사회 전반에서 벌어진 차별제도입니다. 이 제도는 그 부작용이 엄청나서 조선 초기에서부터 많은 사람들이 반대를 하였던 제도입니다. 그렇다면 이와 같은 차별의 상황이 정의와 무슨 상관이 있을까요?

4 재물을 빼앗아 불쌍한 사람들에게 나눠주다

네 번째 장면은 서자 출신인 홍길동이 자신이 처한 상황을 극복하고 의적이 되는 다이내믹한 장면입니다. 『홍길동전』이 영웅소설로 불리게 되는 결정적인 장면이죠.

> "우리가 이제는 백성의 재물은 추호도 건드리지 말고, 각 읍 수령과 방백들이 백성에게서 착취한 재물을 빼앗아 혹 불쌍한 백성을 구제할 것이니, 이 무리의 이름을 '활빈당(活貧黨)'이라 하리라"
>
> "각각 팔도를 누비며 나쁜 사람의 재물을 빼앗아 불쌍한 사람에게 나눠주고, 고을 수령의 뇌물을 탈취하고, 창고를 열어 곤궁한 백성을 도와주었다."

의적에 대한 이야기와 소설은 전 세계적으로 공통된 것이라고 하죠. 유럽의 로빈 후드를 비롯하여 남미와 아프리카를 포함한 전 세계적으로 의적 이야기가 전해지고 있습니다. 부유한 자에게 재물을 뺏어 가난한 자에게 나누어 준다는 의적의 행위는 어쩌면 누구나 원했던 이야기일 수 있습니다. 그렇다면 부유한 자에게 재물을 빼앗아 가난한 자들에게 나누어 주는 행위가 과연 정의로운 활동이라고 할 수 있을까요?

5 편안하고 행복한 삶을 만들다

다섯 번째 장면은, 홍길동이 건설했던 유토피아적 공간인 '율도국'과 관련된 장면입니다. 홍길동은 이미 존재했던 율도국을 정벌하고 자신의 왕국을 세우죠.

> "새 왕이 왕위에 오른 후에 시절이 태평하여 풍년이 들고, 나라와 백성이 편안하여 사방에 적이 없고, 임금이 베푼 덕이 온 나라에 퍼져 길거리에 물건이 떨어져 있어도 주워 가는 이가 없었다."

어느 곳을 가도 적이 없고, 물건이 떨어져 있어도 주워가는 사람이 없는 공간, 요즘의 시선으로 보면 참으로 부러운 곳이 아닐 수 없습니다. 홍길동이 건설했던 '율도국'과 관련된 내용은 사실 소설속에서는 별로 찾을 수 없습니다. 하지만 율도국은 『홍길동전』의 마지막을 장식하고 있는 장면인지라 많은 사람들에게 소설의 핵심 부분으로 여겨지고 있는 내용입니다. 그렇다면 이 율도국이 과연 정의와 어떤 관련이 있는 것일까요?

사회 정의에 관한 다섯 가지 관점

1 사회적 억압과 강요에 대한 저항

정의는 반드시 두 사람 이상의 사람들과 관련되는 문제라고 할 수 있습니다. 왜냐하면 정의는 언제나 타인과의 관계 속에서만 이야기되고, 규정되고, 필요로 하게 되기 때문입니다. 바로 이런 점에서 정의를 탐구하는 것에는 타인과의 관계망이 중요한 역할을 차지하고 있다고 할 수 있죠. 그런데 우리들이 이 세상에 태어나서 타인들과 맺는 첫 번째 관계는 바로 어머니와 아버지와의 관계입니다. 따라서 바로 태생적으로 맺게 되는 어머니, 아버지와의 관계망에서 정의에 대한 첫 번째 실마리를 찾을 수 있습니다.

인간이 태어날 때부터 맺게 되는 어머니, 아버지와의 관계에 주목한 학자가 있습니다. 프랑스의 정신분석학자이자 철학자인 자크 라캉(Jacques Lacan, 1901~1981)이라는 사람입니다. 그는 정신분석학자인 프로이트(Sigmund Freud, 1856~1939)의 '오이디푸스 콤플렉스(Oedipus Complex)'를 재해석해서 '아버지'라는 말에 주목합니다. '아버지란 이름'이라는 내용으로써 우리들이 어렸을 적 몸에 익히게 되는 법, 질서, 규율화 등을 설명합니다. 조금 어렵긴 합니다만, 간략하게 풀어서 이야기해 보죠.

태어나면서 우리들 모두는 제일 처음 어머니를 만나게 됩니다. 의식하든 그렇지 못하든 말이죠. 그리고 아직 자아가 발달하지 못한 아이는 자기 자신과 어머니를 서로 다른 사람이 아닌 하나라고 느끼게 됩니다. 달리 말해 이 단계는 '어머니가 나'이고, '내가 바로 어머니'인 상태라고 할 수 있습니다. 그런데 시간이 좀 지나 하나였던 어머니와 나 사이에 아버지가 끼어들게 됩니다. 이때 아버지는 나를 어머니와 분리시켜 법과 질서가 있는 사회로 이끌어내는 역할을 합니다. 바로 '아버지란 이름'으로 불리는 '상징적 아버지'의 역할로서 말이죠. '아버지란 이름'으로 인해 우리들은 타인과의 관계 맺기가 비로소 시작된다고 할 수 있습니다.

라캉은 초창기부터 정신구조에 작용하는 아버지의 역할을 매우 중요하게 생각해 왔습니다. 라캉이 말하는 '아버지란 이름'이 갖는 핵심적인 역할은, 바로 제3자로서의 아버지가 어머니에 대한 나의 욕망을 가로막고, 그것을 통해 나는 어머니와 헤어지게 되며, 결과적으로 나를 사회적 존재로 진입하게 만들어주는 것입니다. 여기서 사회적 존재로 진입한다는 말은 곧 사회 안에 존재하는 질서와 규율을 이제 내가 몸으로 느끼게 된다는 것입니다. 다시 말해 아버지는 사회적 금기와 금지사항을 내 몸속에 각인시켜 주는 역할을 하는 존재입니다.

이러한 설명을 이해하는 데 있어서 조심해야 할 부분이 있습니다. 여기서 아버지는 실제의 내 아버지로 이해하기보다는 하나의 '상징'으로 이해해야 합니다. 예컨대 "우리 아빠는 나에게 어떠한 일을 하지 못하게 하는 역할을 한다."로만 이해해서는 안 된다는 사실입니다. '아버지란 이름'에서 등장하는 아버지란 실질적인 존재가 아니라 하나의 상징, 기능으로 이해하는 것이 나을 듯합니다. 다시 말하지만 '아버지의 이름'이 갖는 기능은 어머니에 대한 욕망을 통제하고 사회적 규율, 질서, 법 등을 제시하는 역할을 합니다.

이제 『홍길동전』으로 돌아가서 '아버지란 이름'과 '정의'에 대해 이야기해 봅시다. 홍길동은 아버지를 아버지라고 부르지 못하는 상황입니다. 라캉의 '아버지란 이름' 이론에 따르면, 홍길동은 아버지를 아버지로 부르지 못함으로 인해 '아버지란 이름'의 기능이 다른 사람들에 비해 약할 수 있습니다. 자의든 타의든 그건 중요한 것이 아니라, 어찌 됐건 홍길동에게는 '아버지란 이름'이 갖는 사회적 금기와 금지사항 등을 몸에 익히지 못한 상황이라고 볼 수 있습니다.

그렇다면 이것이 정의와 어떻게 연결될까요? 사회적 금지와 금기는 종종 억압과 강요를 통해 우리에게 다가옵니다. 물론 사회적 금지와 금기는 필요합니다. 예컨대, 살인하지 말라, 도둑질하지 말라와 같은 금지사항은 당연히 필요한 것이죠. 이러한 금지가 억압과 강요는 아닐 것입니다. 왜냐하면 우리들 모두는 살인하고 싶거나 도둑질하고 싶거나 하지는 않기 때문입니다. 하지만 사회적 금지와 금기가 인간이 '인간답게' 사는 방식을 방해할 때, 우리는 그것에 대해 억압과 강요라고 부를 수 있습니다. 현실 속에서 사회적 금지와 금기는 강한 자의 질서, 권력을 갖는 자의 질서, 부유한 자들의 질서에 따라 바뀌곤 합니다. 그리고 이러한 금지와 금기는 억압과 강요를 통해 인간이 '인간답게' 살지 못하는 상황을 만들어내곤 합니다. 그것은 바로 부정의의 상황이라고 부를 수 있습니다. 사회가 제시하는 금지와 금기가 억압적으로 다가올 때, 비로소 정의가 필요하게 됩니다.

따라서 아버지를 아버지라고 부르지 못하는 홍길동의 모습은 은유적으로 정의에 대한 이야기를 보여주고 있습니다. 홍길동은 아이러니하게도 그가 그렇게 원하는 '아버지의 이름'을 부르지 못함으로 인해 사회적 금지와 금기를 쉽사리 받아들일 수 없습니다. 즉 '아버지의 이름'이 사회적 금지와 금기를 보여주는 상징이라고 할 때, 홍길동은 아버지의 이름을 부르지 못함으로 인해 이러한 사회적 금지와 금기로부터 자유로워지는 것이지요. 특히나 현대 사회에서 사회적 금지와 금기가 왜곡되어 인간을 억압하는 방향으로 나아가곤 하는데, 홍길동은 바로 여기에서 보다 자유롭고 비판적으로 이 질서를 바라볼 수 있습니다. 나아가 애초 어렸을 적부터 아버지를 통해 사회적 금지와 금기를 몸에 익히지 못한 홍길동은 왜곡된 사회적 질서와 금기에 대해 남들보다 적극적으로 저항할 수 있게 됩니다.

다시 말해 홍길동은 사회적 금지와 금기로 인한 억압과 강요를 벗어나고 '정의'로 한 발짝 더 다가가고 있다고 생각합니다. 정의의 시작은 사회적인 억압과 강요에 대해 반발하거나 그것에 대해 심각하게 고민할 때 비로소 가능할 수 있습니다. 우리들이 인간이 인간답게 살지 못하게 하는 사회적 억압과 강요를 인식하고, 그것에 대해 부정적으로 반응할 때야 비로소 정의로움은 시작될 수 있다는 것입니다. 이제 다음 이야기로 넘어가 봅시다.

2 분노와 복수심으로서 정의

요즘 TV에 나오는 사건과 사고를 볼 때마다 참을 수 없는 울분이 생겨나곤 합니다. 범죄자가 이유 없이 무죄를 선고받거나 부당하게 감형을 받을 때, 무고한 사람이 유죄 선고를 받거나 억울하게 처벌받을 때 분노가 생기곤 합니다. 울분이 들끓는 사회 또는 분노가 치밀어 오르는 사회는 어떻게 보면 정의롭지 못한 사회일 수 있습니다. 그런데 이러한 울분과 분노는 곧잘 정의로움을 찾는 시도, 행위, 연구 등으로 연결될 수 있습니다.

분노, 복수심, 적개심 등은 단지 부정적인 반응이 아니라 곰곰이 따져볼 필요가 있는 매우 복잡한 감정입니다. 홍길동의 분노와 복수심만 보더라도 이것은 어떤 옳지 못한 행위에 대한 부정적인 반응이라고 할 수 있죠. 이 같은 관점에서 대한민국의 유명한 학자인 김우창은 정의의 원동력으로서 분노와 적개심을 아주 설득력 있게 설명하고 있습니다. 부정적으로 규정되어 왔으며, 제어와 통제의 관점에서만 규정해 왔던 분노와 적개심이 사실상 정의로움의 출발점일 수 있다는 의견은 매우 유익하고 필요한 관점이라고 생각됩니다.

이렇게 볼 때, 홍길동이 보이는 분노와 복수심은 사실 정의의 근원적 동기라고 할 수 있습니다. 홍길동은 위에서처럼 죄 없는 사람을 죽이러 온 자객에게 자신의 분노를 보여주며, 그를 죽임으로써 재물에 눈이 멀어 자신을 죽이러 온 자에 대한 복수를 합니다. 그의 행위를 다 인정하기 쉽진 않지만, 그래도 받아들이게 되는 걸 보면 그의 분노와 복수심에 따른 행위가 매우 부정의한 것으로 느껴지는 것은 아닐 듯합니다. 오히려 죄를 지은 자에게 벌을 내리는 홍길동의 행위는 우리들 모두가 감정적으로 받아들이고 있는 정의로움과 연결된다고 할 수 있습니다.

좀 더 자세히 말해, 분노가 "개인이 생각하는 바에 따라 부정의한 행위와 상황에 대한 감정적 반응"이라고 한다면, 복수심은 "정의와 권리의 침해를 직접적 행동으로 보상받고자 할 때 느끼는 감정"이라고 할 수 있습니다. 여기서 중요한 점을 발견할 수 있습니다. 정의에 대한 이야기에는 오로지 이성적인 행위와 판단만이 존재하는 것이 아닌 감정적 요소도 존재한다는 점입니다.

"정의가 어디에서 시작되느냐?, 정의로움을 찾게 되는 그 근원은 어디에서부터인가?"라고 묻는다면, 솔직히 머리보다는 가슴에서 나오는 것 같습니다. 이것은 우리가 자주 사용하는 '정의감'이라는 단어를 통해서도 이야기될 수 있습니다. '정의'라는 단어에 감정을 결합시킨다는 것은 다른 한편으로 보자면 정의가 단순히 이성의 원리가 아닌 감성적인 측면에서부터 비롯된다는 것을 의미하는 것일 수도 있습니다.

이러한 입장에서 많은 사상가들은 다음과 같이 이야기합니다. 근대의 철학자 중 한 명인 흄(David Hume, 1711~1776)은 "정의감이라는 것은 인간들이 그 유용성을 깨달아감에 따라 점진적으로 얻게 되는 것"이라고 주장했으며, 또한 스미스(Adam Smith, 1723~1790)는 "정의감은 인간에게 원래부터 심어져 있는 것"이라는 입장을 보였습니다. 또한 솔로몬(R. C. Solomon, 1941~2007)이란 학자는 "권리를 지키는 데에는 거의 창자가 나온다고 할 수 있는 자기에 대한 불가침성의 느낌, 그에 대한 어떤 종류의 침해, 간섭, 모욕을 도저히 견딜 수 없어 하는 느낌이 있어야 한다."고까지 언급합니다. 다시 말해 사회적 관계에서의 부당한 불균형을 바로잡아야겠다는 마음가짐, 인간이라는 자존감과 자존심의 훼손에 대한 꺼림칙한 느낌, 외적으로 받아들여진 기준과 규칙의 부당함을 바로잡고자 하는 감정 등은 정의로 나아가는 첫 번째 역할을 합니다.

정의의 근원적 동기로서 분노와 복수심은 역사적으로도 확인할 수 있습니다. 예컨대 "눈에는 눈, 이에는 이"로 잘 알려진 『함무라비 법전』이나, 「창세기」 18장, 「출애굽기」 21장 등은 가혹한 보복과 복수의 사상을 적용합니다. 어찌 보면 복수는 고대인들에게 널리 통용되던 정의의 근본적인 규칙인 셈입니다. 학문적으로 이것을 '보복적 정의(응보적 정의, retributive justice)'라고 칭할 수 있습니다. 보복적 정의에 따르면, 정의가 구현되는 시점은 범법자들에게 보복을 가할 때입니다. 물론 여기에서 보복은 현재의 우리들의 시각으로 볼 때 터무니없을 만큼 가혹한 게 사실입니다. 그럼에도 불구하고 이 고대의 문헌들은 보복을 만인들이 부당하게 자신들의 권리를 박탈당하지 않게끔 하는 특별한 장치로 인식하고 있었습니다. 이러한 내용은 매우 오래된 이야기일 수 있지만 어쨌든 사회 정의로 받아들여질 만한 내용이라고 할 수 있습니다.

따라서 개인의 분노와 복수심과 같은 감정적 요소가 사회 정의를 이뤄가는 데 있어서 일정한 역할을 가지고 있다고 한다면, 그것을 완전히 매도하는 것보다는 그것의 올바른 방향성을 제시해 주는 것이 보다 중요하다고 생각됩니다. 독일의 철학자 니체(Friedlich Wilhelm Nietzsche, 1844~1900)가 말한 것처럼, "부정은 그 자체로 새로운 에너지를 공급하는 근원이 되며, 그것 자체가 창조적 행위로 연결된다."고 할 수 있습니다. 다시 말해 전적으로는 아닐지라도 분노와 복수심도 그것 자체가 새로운 에너지를 공급하는 근원이 되며, 창조적 행위로 연결되는 것입니다. 그리고 새로운 에너지와 창조는 바로 부정의한 상황을 극복한 정의로움과 이어집니다.

물론 조심해서 받아들여야 할 점도 있지만 분노, 복수심 등을 부정적으로만 규정하고 그것을 금지하는 시선을 조금은 바꾸어야 한다고 생각합니다. 특히나 "폭력은 절대 안 돼."와 같은 이데올로기로 인해, 사회적 부정의에 대한 분노와 적개심을 잃어버린 한국 사회에서는 더욱 따져봐야 할 문제입니다. 여기에 관련되어 있는 것은 단순히 폭력의 문제가 아니고, 바로 정의의 관점에서의 정확성이라고 할 수 있겠습니다. 이쯤에서 정의의 근원적 동기로서 분노와 복수심을 마무리하고 다음으로 넘어가도록 하겠습니다.

3 차별의 극복 수단, 약자의 저항 수단으로서 정의

『홍길동전』은 적서차별의 불합리성을 주인공 홍길동의 모습을 통하여 보여주고 있습니다. 주인공 홍길동은 서자라는 자신의 신분질서를 통하여 아버지를 아버지라 부르지 못하고 형을 형이라고 부를 수조차 없는 적서차별의 불공평성을 깊이 알게 되며, 자기의 불우한 처지에 대하여 불만을 품게 됩니다.

그런데 그것은 단순히 불우한 처지에 대한 불만을 넘어서는 문제입니다. 홍길동이 서자라는 신분 조건 때문에 스스로 '사람' 노릇을 할 수 없다고 탄식하게 되는 것을 볼 때, 그에게 있어 적서차별의 문제는 자신의 존재감을 상실하는 것이자 인간다움을 훼손

하는 아주 중요한 문제였던 것입니다. 홍길동이 임금에게 말하는 장면에서도 이 점을 알 수 있습니다. 홍길동은 서자라는 출신 때문에 호부호형을 할 수 없어 평생의 한이 생겼으며 바로 이 때문에 도적 노릇에 참여하게 되었다고 임금께 하소연하고 있습니다. 이 장면은 적서차별제도가 홍길동에게는 얼마나 큰 한이 되었는지를 보여준다고 할 수 있습니다. 따라서 『홍길동전』의 핵심 키워드는 '차별과 그것의 극복'이라고 말할 수도 있을 듯합니다.

그런데 여기서 보다 중요한 사실은 홍길동이 겪은 차별의 경험은 단순히 가족 내의 문제가 아니라 사회적 문제라는 점입니다. 『홍길동전』이 이렇게 오랜 기간 많은 사람들에게 읽혀져 온 이유 역시 사회적 차별의 문제를 전면적으로 제기하고 있기 때문입니다. 소설적인 장치이긴 하지만, 홍길동이 집을 뛰쳐나가는 행동은 가정 내에선 더 이상 스스로의 존재 가치를 확보할 수 없다는 사실을 암시한다고 할 수 있습니다. 나아가 적서차별의 문제는 너무나 심각한 것이어서 가정의 울타리에서만 제기될 수 없고 사회적인 문제라는 사실을 암시한다고 할 수 있습니다.

사회적인 차별의 문제는 정의로움을 찾게 되고 불러오게 되는 중요한 상황입니다. 다시 말해 사회적 차별을 원인으로 삼고, 그것에 대한 저항의 수단으로서 정의를 찾게 된다는 것입니다. 이렇게 보았을 때, 허균의 『홍길동전』은 사회적인 차별의 문제와 그것에 대한 저항의 수단으로서 정의를 탐구하기에 매우 유익한 텍스

트입니다. 물론 홍길동이 자신이 처한 적서차별의 상황을 극복하기 위해 직접적으로 정의를 이야기했다고 할 수는 없습니다. 하지만 우린 홍길동이 처한 상황에서 정의를 떠올리게 됩니다. 예를 들어 홍길동을 사회적 약자로, 사회적 소수자로서 파악하기엔 껄끄러울 순 있어도 그 의미와 맥락상 전혀 어울리지 않는 것은 아닙니다. 태생적인 기준과는 상관없이 사회적인 제도의 기준으로 차별받는 홍길동은 오늘날의 사회적 약자, 사회적 소수자라고 할 수 있을뿐더러, 홍길동이 받는 차별을 극복하기 위한 근거로서 정의를 이야기할 수 있습니다.

사회적 차별의 상황, 그리고 그러한 상황의 극복 수단으로서 정의는 오늘날 이야기되고 있는 정의 이야기의 핵심 주제입니다. 또한 이것은 종종 '인권'이라는 개념과 연결되는 문제입니다. 인권은 "모든 인간은 동등한 존엄성을 가지고 있으며 어떠한 상황에서도 부당하게 차별받지 아니한다."라는 믿음에서부터 시작합니다. 이 말은 곧 인간은 인간으로서의 동등한 권리와 위엄을 가지고 살 수 있어야 한다는 말과 같습니다. 그러나 이것은 현실적인 상황에서 변하곤 합니다. 모든 인간이 갖는 동등한 권리와 존엄성은 사회적 범위에선 가끔 훼손되기도 합니다. 이것이 바로 사회적 차별의 상황인 것입니다. 이 사회적 차별의 상황에서 그것을 극복하고 뛰어넘을 수 있는 수단과 방법으로서 정의가 이야기됩니다. 예컨대, 마이클 샌델의 『정의란 무엇인가』에서 나오는 유명한 예인 '소수집단 우대 정책'을 들 수 있습니다. 이것은 흑인이나 중남미인 등 차별받아 온 소수민족들에게 입학시험에서 이점을 주는 제도로서, 차별에 대한 적극적인 시정 조치이자 수단입니다.

철학적으로 봤을 때 차별의 극복 수단, 약자의 저항 수단으로서 정의는 조금 거칠게 얘기해서 마크르스(Karl Marx, 1818~1883)를 중심으로 하는 '사회주의'의 전통에 따른 정의관이라고 할 수 있습니다. 사회주의의 전통에 따른 정의관은 각 개인들이 처한 구체적 현실과 상황을 중요시 합니다. 그리고 구체적인 현실 속에서 각 개인이 처한 부정의한 상황으로부터 정의를 이야기해야 한다고 말합니다. 따라서 사회주의적 전통에 따른 정의론은 이와 같은 부정의한 상황과 조건들에 대한 개선을 목적으로 두고 있으며, 그러한 개선의 방법과 완성으로서 정의를 주장합니다.

오늘날 우리가 살고 있는 시대에는 사회적 차별의 상황이 매우 많고 다양합니다. 사회적 차별의 극복 수단, 사회적 약자의 저항 수단으로서 정의는 오늘날 매우 필요한 논의라고 할 수 있습니다. 인간다운 삶의 훼손, 사회적 억압과 규율화, 빈부격차와 같은 사회적 신분질서화 등은 사회적 차별이 만연한 오늘날의 시대를 대변합니다. 이러한 사회적 차별은 다양한 사회적 약자를 만들어냅니다. 바로 이들로부터 오늘날의 정의론은 시작됩니다. 따라서 오늘날의 정의란 바로 사회적 차별에 대한 극복 수단, 그리고 사회적 약자의 저항 수단이라고 해야 할 것 같습니다.

4 교환과 분배의 기준으로서 정의

이 부분은 『홍길동전』을 읽는 독자로 하여금 어떤 카타르시스를 느끼게 하는 장면입니다. 아직까지도 많은 이들에게 『홍길동전』이 고전으로 읽혀지게 되는 결정적인 이유는, 바로 착취한 재물을 빼앗아 가난한 사람들에게 나눠주는 홍길동의 행위를 우리가 의로운 행위로 봤기 때문일 것입니다. 사실 착취한 재물을 빼앗아 가난하고 불쌍한 사람들에게 나눠주는 행위는 동서양을 막론하고 모든 이들이 원했던 짜릿한 장면이라고 할 수 있습니다. 『홍길동전』에서 정의를 이야기하자면, 바로 이 장면이 제일 처음 눈에 들어옵니다.

그런데 이 장면은 사회 정의와 가장 밀접히 연관된 장면이라고 할 수 있겠습니다. 왜냐하면 여기서는 분배와 교환이라는 정의 개념, 자유와 평등의 대립적 위치, 형식적 평등과 실질적 평등의 차이점 등등을 함축하고 있는 부분이기 때문입니다. 저는 이 부분을 통해 사회 정의의 고전적인 패러다임인 교환과 분배 정의에 대한 이야기만 하려고 합니다.

우선 '사회 정의'의 문제가 어떤 배경에서 나오는가를 알아볼 필요가 있습니다. 앞서 설명했듯이 사회 정의는 정의에 대한 논의에서 그 시기가 조금 뒤처진다고 할 수 있습니다. 18세기 후반 산업화를 통해 사회적 재화와 산물이 급속하게 증가하게 됩니다. 이 경향과 함께 "사회적 재화와 산물은 각각의 노동자의 행위에 의한 것이다."라는 시선이 사회 전반에 퍼지게 되죠. 그런데 사람들은 이 시선과 함께 어떠한 방식으로 사회적 재화를 분배할 것인가라는 문제에 대해 고민을 시작하게 됩니다. 그리고 결과적으로 생산된 재화를 공정하게 분배하기 위한 기준으로서 사회 정의가 본격적으로 등장하게 됩니다.

이와 같은 분배 정의로서 사회 정의가 등장하기 이전에 사회 정의라고 할 만한 것은 당연히 교환 정의였습니다. 다시 말해 사회 정의의 고전적인 핵심 주제 두 가지는 바로 '교환 정의'와 '분배 정의'입니다. 교환 정의와 분배 정의로 널리 알려진 철학자는 아리스토텔레스(Aristotle, BC 384~322)와 토마스 아퀴나스(Tomas Aquinas, 1225~1274)입니다. 시대적으로는 훨씬 후의 사람이지만, 정의의 구분상 교환 정의가 시기상 앞서 요구되었으니 토마스 아퀴나스가 말한 교환 정의에 대해 먼저 알아볼까 합니다.

아퀴나스는 정의를 '일반적 정의', '법적 정의', '특수 정의'로 나누고, 또 특수 정의를 '분배 정의'와 '교환 정의'로 구분하였습니다. 교환 정의는 재화의 교환에서 서로 간에 절대적 평등이 이루어져야 한다는 것을 가장 큰 원칙으로 합니다. 따라서 어떠한 강제력을 통해 서로 간에 불평등한 교환을 강요하는 행위 또는 그렇게 이루어진 불평등한 교환 자체는 바로 '부정의'라는 것입니다. 교환 정의에 깔린 가장 중요하고 기본적인 원리는 상호간의 절대적인 동등함입니다. 또한 교환 정의는 상호간의 절대적인 동등함이라는 점에서 개인 간의 관계가 중심이 되는 문제라고 할 수 있습니다. 여기서 개인 간의 관계는 일정한 기준이나 척도에 비추어 보는 동등함이며 따라서 교환 정의는 법의 기준을 전제로 하는 것이자 법에 의존하는 정의라고 할 수 있습니다. 그런데 교환 정의만으로는 인간의 존엄성을 추구하기 어려우며, 인간의 사회적 본성이 무시될 수 있는 한계를 갖습니다. 왜냐하면 현실 사회에 살고 있는 다양한 사회적 약자를 고려할 때, 전적으로 모든 사람을 동등하게 다루기엔 오히려 그것이 부정의한 상황처럼 보이기 때문입니다. 따라서 교환 정의는 그것만으로 유지되기엔 어려움이 많으며, 보다 나아간 정의인 분배 정의를 고려해야만 합니다.

분배 정의에 대한 논의는 고대 그리스의 철학자 아리스토텔레스에게서 찾을 수 있습니다. 아리스토텔레스에 따르면 정의는 '전체 정의'와 '부분 정의'로 나누어집니다. 여기서 우선 '전체 정의'는 쉽게 얘기해서 공동체가 규정하는 기준, 규범, 척도 전체를 말합니다. 다른 사람들과의 관계에서 선한 삶과 행복을 만들어 가기 위해 공동체의 법을 지키는 것이 바로 정의라는 것이지요. 하지만 아리스토텔레스는 '부분 정의'에 더 큰 관심을 둡니다. 왜냐하면 아리스토텔레스는 정의의 성격상 본질적인 것은 부분 정의라고 보기 있기 때문입니다. '부분 정의'는 또다시 '교정 정의(rectifying justice)'와 '분배 정의(distribute justice)'로 나뉘게 됩니다. 교정 정의가 상거래에서 발생한 잘못 또는 범죄적 잘못을 '교정'하는 정의를 말한다면, 분배 정의는 공동체의 재화, 명예와 관직, 안전들의 분배와 관련된 정의를 말합니다.

이러한 것들에 대한 분배에 있어서 아리스토텔레스는 산술적인 기준을 통해 동등하게 분배하는 방식 대신에, 새로운 기준점을 제시하고 있습니다. 그는 분배 정의를 '비례성'과 연결시킵니다. 예를 들어 아리스토텔레스는 비례적인 방식으로 분배가 이루어져야 올바른 분배라고 말하는데, 이것은 절대적인 의미에서의 평등이 아닌 상대적인 의미에서의 평등을 추구한다는 것입니다. 달리 말해 공동체의 재화가 10이 있다면, 산술적으로 10명에게 1씩을 배분하는 것은 공평하지 못하다는 얘기이지요.

아리스토텔레스는 분배적 평등이 갖는 부작용을 해결하고자 한 것입니다. 예를 들자면 공동체의 재화나 생산물을 사회의 구성원 모두에게 똑같이 분배하다 보면, 그 생산에 기여를 많이 한 사람들의 희생이 커질 수 있습니다. 여기에는 그 사람이 재화의 생산에 어느 정도 기여했는지, 그 사람에게 생산물이 얼마나 필요한지 등등이 전혀 고려되지 않습니다. 이럴 경우 각기 다른 개별적인 사람들이 공동체의 재화 생산에 기여한 노력은 사라지게 되며, 아울러 그 생산물에 대해 사람들이 느끼는 간절한 필요성도 가로막히게 됩니다. 결과적으로 사람들 사이에서 상호존중은 사라지게 되어 오히려 부정의한 상황으로 빠질 우려가 있습니다.

그렇다면 다시 『홍길동전』으로 되돌아와 봅시다. 홍길동이 행한 행위를 교환 정의와 분배 정의의 시선으로 봤을 때, 어떻게 평가할 수 있을까요? 교환 정의의 시선만으로 봤을 때, 홍길동의 행위는 부정의한 행동입니다. 양반집과 고을 수령의 재화를 가져오는 데 있어서 그것과 동일한 어떤 것을 홍길동은 주지 않았습니다. 물론 그것을 자신이 갖지 않고 가난한 사람들에게 나눠주지만, 홍길동 개인과 양반(고을 수령)만의 관계에서만 따져본다면 홍길동은 정의롭지 못한 행동을 한 것입니다.

반대로 분배 정의의 시선으로 봤을 때, 홍길동의 행위는 어떻게 볼 수 있을까요? 홍길동은 탐욕스런 양반집을 털어, 그 재물을 가난한 백성들에게 나눠줍니다. 쉽게 얘기해, 사회적 재화 100을 양반집에서 가져와 가난한 백성들 100여 명에게 골고루 나눠준다는 것입니다. 여기서 곰곰이 살펴보면, 홍길동의 행위에 대한 분배 정의는 몇 가지 시선으로 나누어질 수 있겠습니다. 우선 큰 틀에서 보면 홍길동의 행위는 분배 정의를 이룬 것이라고 할 수 있겠습니다. 사실 100의 재화가 양반집에서는 큰 재산이 아니며, 이 100의 재화를 나눠 가진 백성들이 커다란 도움을 받았다면 그것은 아주 미약하지만 어느 정도의 분배 정의를 이룬 것이라고 할 수 있습니다. 하지만 홍길동의 행위는 분배 정의를 어긴 것으로도 볼 수 있습니다. 100의 재화를 나누어주는 과정에서 한 집당 1씩의 재화를 나눠줬다면, 어떤 집에서는 식구가 10명이고 어느 집에서는 3명인 상황에서는 그 분배가 비례적으로 나눠지지 않았습니다. 물론 홍길동이 어떻게 나눠줬는지는 소설 속에서 찾을 수는 없습니다.

그렇다면 홍길동의 행위는 과연 정당한 것일까요? 아주 간단히 얘기해 홍길동의 행위는 교환 정의의 입장에서 보자면 정당하지 못하며, 분배 정의의 입장에서 보자면 정당한 행위입니다. 하지만 중요한 점이 있습니다. 교환 정의와 분배 정의의 순서를 고려한다면 분배 정의 이전에 교환 정의가 먼저라고 할 수 있습니다. 역사적으로 볼 때, 교환 정의를 보완하기 위해 분배 정의가 생겼다고 할 수 있겠지요. 사회적 재화의 분배를 고민하기에 앞서 개개인의 재화의 교환이 실질적으로 먼저 이루어졌다는 얘기입니다. 그렇다고 해서 홍길동의 행위가 교환 정의를 어겼기 때문에 정의롭지 못하다고만 할 수는 없겠습니다. 왜냐하면 그는 분배 정의를 통해 결과적으로 많은 사람들이 잘 살도록 해줬기 때문입니다.

이것은 어쩌면 딜레마라고 할 수 있을지도 모릅니다. 많은 사상가들은 이후 분배 정의를 좀 더 보완하려고 노력하였습니다. 예컨대, 사회 모든 사람의 이익이 증진하는 행위가 정당한 행위라 주장하는 공리주의적 전통이 있습니다. 또한 어떤 사람의 자유와 권리도 침해해선 안 된다는 자유주의적 전통이 있습니다. 요즘에는 롤스(John Rawls, 1921-2002)로 대표되는 분배의 과정과 절차의 정당성을 요구하는 입장이 각광받고 있습니다. 예컨대, 분배의 정의는 직접적인 내용이나 결과가 아니라, 상태, 과정, 형식들이 중요하다는 입장입니다.

5 삶의 궁극적 목표로서 정의

앞서 얘기한 정의의 여신은 이 세계의 균형이 무너지거나, 불의가 발생하거나, 비극이 발생할 경우 다시 상황을 이전의 상태로 되돌리는 것을 자신의 임무로 삼고 있다고 합니다. 이렇게 보자면 정의 개념은 낙관적이라고 할 수 있습니다. 왜냐하면 우리가 돌아가야 할 원위치의 상황은 지금보다 훨씬 더 낫다는 이상적인 관점이 여기에 깔려 있기 때문입니다. 『홍길동전』은 이와 같이 정의라는 개념에 담긴 이상적이고 궁극적인 성격을 가장 잘 보여주고 있는 자료입니다.

예를 들어 적서차별로 집을 나오게 되고, 의적 생활을 하게 되는 홍길동은 소설의 끝 부분에 가서는 '율도국'이란 나라를 세워 왕으로 등극하게 됩니다. 이상향으로서 '율도국'은 『홍길동전』을 연구하는 많은 학자들이 관심을 가져왔던 부분입니다. 이 율도국은 위에서 설명하듯이, 평화롭고, 편안하며, 모든 사람이 풍족하게 살아 갈등과 투쟁이 없는 사회로 그려지고 있습니다. 『홍길동전』에서 나오는 율도국은 따라서 유토피아적 접근으로서 정의관, 즉 우리가 희망하고 염두에 두어야 할 삶의 목표로서 정의와 밀접하게 연관된다고 할 수 있습니다.

정의의 실현은 부정의한 현실 세계를 극복하는 끊임없는 과정이라고 할 수 있습니다. 그러나 지금까지의 이상적인 사회를 설정하고 그곳을 정의 실현과 관련시키고, 그것에 관해 끊임없이 노력하는 정의 이론은 찾기 힘듭니다. 여러 가지 이유가 있었겠지만 완전한 이상향을 설정하는 것이 적절한 것이며 실현 가능한 것이냐 하는 의심이 있었을 것이며, 역사적으로 살펴봐도 실제로 그런 이상향을 쉽게 찾을 수 없었기 때문일 것입니다. 그렇다 하더라도 우리는 정의에 관해 끊임없이 고민하고 생각하고 노력할 수밖에 없을 듯합니다. 왜냐하면 사회적으로 만연한 부정의는 언제나 존재하며 그에 대한 반대로서 정의는 언제나, 항상, 끊임없이 이야기되고 있기 때문입니다. 이렇게 볼 때 정의는 완결적 접근이 아닌, 항상 끊임없이 반성하고 고민해야만 하는 미래적 접근, 다시 말해 삶의 궁극적 목적으로서 '유토피아적 접근'이 필요한 개념이라고 할 수 있습니다. 이러한 접근법을 통해 정의를 고민한 예는 고대 그리스 철학자인 플라톤(Platon, BC 428~348)에게서 그 흔적을 찾을 수 있습니다.

플라톤은 정의론에 대한 설명을 하면서 '개인의 정의'와 '도시의 정의'를 구분하고 도시의 정의부터 찾아내려고 합니다. 왜냐하면 플라톤은 '보다 작은' 개인들과 '보다 큰' 도시 사이에는 유사점이 있고, 그렇기 때문에 '보다 큰' 도시의 정의를 탐구하다 보면 개인의 정의를 발견할 수 있다고 생각했기 때문입니다. 이제 플라톤은 어떤 이상적인 도시를 언급하는데, 이곳은 3개의 주요 계급으로 구성된 사회일 것이라고 말합니다. 이 도시에 속하는 첫 번째 계급은 통치 집단입니다. 도시의 이익을 위해 특별히 헌신하는 사람들입니다. 두 번째 계급은 군인 계급입니다. 이들의 임무는 도시를

마이클 샌델도 이야기했듯이 정의에 대해 끊임없이 이야기하고 고민할 때 정의로운 사회와 가까워진다고 할 수 있습니다.

위해 싸우는 것입니다. 세 번째 계급은 농민과 장인, 교역업자, 일꾼 등을 포함합니다. 이들의 임무는 도시의 상업을 담당하는 것입니다.

이어서 플라톤은 그 이상적인 도시가 완벽하게 이로우려면 거기에는 네 가지 미덕이 있어야 할 것이라고 말합니다. 네 가지 미덕이란 '지혜', '용기', '중용', '정의'입니다. 지혜는 통치자, 용기는 수호자, 중용은 시민들을 포함한 모든 사람들에게 필요로 하는 미덕이며, 그리고 마지막으로 정의는 다른 세 가지 미덕이 번창하도록 만드는 것입니다. 여기서 플라톤은 인간들이 서로 다른 적성을 갖고 태어난다는 것을 깨닫게 되어야 함을 말하고 있습니다. 그리고 그것을 깨닫고 자신의 적성에 맞는 역할을 충실히 수행할 때 그 도시 안의 정의가 이뤄지며 개인의 정의도 완성된다고 말하고 있습니다. 플라톤의 입장에서 보면 정의의 목표는 도시 안에, 그리고 각 개인들의 영혼 안에 이상적인 질서를 배양하는 것이라고 할 수 있습니다. 기원전 5세기에 말해졌던 플라톤의 정의론은 따라서 정의에 관한 유토피아적 접근이라고 말할 수 있습니다.

하지만 오늘날 플라톤이 말한 유토피아적 접근으로서 정의는 타당성이 없다고 할 수 있습니다. 이상적인 상황을 위해 이상적인 질서를 부여하고 그것에 따르라는 방식은 다양한 사회적 삶을 살고 있는 우리들에게 어울리지 않는 옷이라고 할 수 있습니다. 제가 말하는 유토피아적 접근으로서 정의는 정의에 대해 답이 아닌, 질문에 중심을 두는 관점이라고 할 수 있습니다.

다시 말해 정의가 무엇인가라는 질문에 아마 인간은 결코 확실하게 대답할 수 없고, 오히려 좀 더 나은 질문을 모색할 수밖에 없다는 의도입니다. 사회의 변화에 맞춰, 각 개인이 처한 다양한 상황을 고려하며, 시대의 흐름에 따라 항상 새로운 질문으로 정의를 이야기하는 것, 그리고 그것과 함께 끊임없이 정의를 이뤄나가기 위해 모든 노력을 기울이는 것이 바로 유토피아적 접근으로서 정의를 이야기하는 방식이라고 할 수 있겠습니다. 마이클 샌델도 이야기했듯이 정의에 대해 끊임없이 이야기하고 고민할 때 정의로운 사회와 가까워진다고 할 수 있습니다. 따라서 정의는 단순히 잘못된 것을 되돌려 놓는 데 사용하는 과거 회귀적인 개념이 아닌, 이 시대에 실천적으로 필요한 열린 개념이라고 할 수 있습니다. 정의에 대한 유토피아적 접근은 바로 이것을 의미합니다.

정의는 어떻게 쓰이는가?

2000년이 넘은 인간의 역사 속에서 정의에 대한 이야기는 끊임없이 지속되고 있습니다. 그런데 정의에 대한 이야기는 앞서 살펴봤듯이 그 내용의 범위가 굉장히 넓다고 할 수 있습니다. 이제 사람들은 정의가 시대와 문화에 따라 서로 상이하다는 것을 발견하고, 세계 어디에서도 통하고 어느 시대에서나 받아들여질 수 있는 정의가 과연 있는가라는 의심을 품게 되었습니다. 기원전부터 현재까지 많은 사람들은 저마다의 정의론을 이야기합니다. 따라서 '정의란 무엇인가'라는 질문에 대해 그 답 또한 매우 다양해졌다고 할 수 있습니다.

정의에 관한 다양한 답들이 때론 혼란스럽게 다가올 수 있습니다. 그렇다고 해서 우리는 다양한 정의론을 전부 인정할 수도 없을 뿐더러 보다 나은 정의를 찾기 위한 시도를 게을리 할 수도 없습니다. 따라서 저는 '정의란 무엇인가'라는 질문을 '정의는 어디에서 시작하며, 어느 순간 필요로 하며, 어떻게 쓰이며, 어떤 자세로 바라봐야 하는가?'란 질문으로 바꿨습니다. 이렇게 바꾼 이유는 다양한 정의에 대한 이야기 속에서 찾을 수 있는 공통된 가치와 요소를 찾기 위해서였습니다. 그래서 그것들을 존중하고 받아들이며 발전시켜 가기 위해서였습니다. 우리가 앞서 이야기한 정의에 대한 질문을 다음과 같이 정리해 볼까 합니다.

1 정의의 근원적 동기

앞서 살펴봤듯이, 정의는 단순히 이성의 원리를 통해 나타나는 것이 아니라 감성적 측면을 가지고 있다는 것을 알 수 있었습니다. 정의를 발현시키는 추동력은 감성적인 것 또는 여러 가지 감정에서 나온다고 할 수 있습니다. 예를 들어 정의로움을 찾게 되는 원인은 타인에 대한 공감이나 동정심에서 찾을 수 있고, 나에게 가해진 불이익이나 손상에 대한 울분, 사회적 재화의 불공평한 배분 등에 대한 분노심에서도 찾을 수 있습니다.

이렇게 볼 때 정의를 이야기하는 데에 있어서 감정의 의미는 중요하다고 할 수 있습니다. 하지만 지금 현재의 이야기에는 이와 같은 것들은 빠져 있거나 아예 부정의의 또 다른 모습으로 표현되고 있습니다. 분노와 복수심은 부정한 감정들로서 순화되어야 하며, 때론 폭력으로 변질될 수 있기에 절대로 용납할 수 없다는 의견이 대다수입니다. 그렇다 하더라도 정의에 대한 순수한 분노와 적개심은 또 다른 영역의 이야기일 수 있다고 생각합니다. '폭력 이데올로기'가 사회의 기득권층에서는 진보적 행동을 공격하는 강력한 무기가 되고 있는 한국 사회를 보자면 특히나 그렇습니다. 저는 여기서 정의로움을 찾는 근원적 동기가 정의에 대한 이야기를 나누고 이해하는 데 무척 중요한 키워드라고 생각합니다.

2 정의로움을 필요로 하는 '부정의'의 상황

정의에 대한 이야기를 나누는 데 있어서 제가 제시하는 두 번째 키워드는 바로 '정의로움을 필요로 하는 외적인 상황'입니다. 정의에 대한 접근방식이 다양하듯이 실제로 정의는 여러 가지 의미로 규정되고 있음을 말한 바 있습니다. '정의란 무엇인가?'란 물음에 대한 답은 실제로 굉장히 많습니다. 그렇다면 여기서 질문을 바꾸어 봅시다. '부정의란 무엇인가?' 쉽게 생각할 때, 정의가 무엇인지를 쉽사리 답하긴 힘들어도 부정의를 답하기는 쉬워 보입니다. 예컨대 끔찍한 궁핍, 무분별한 차별과 억압, 엄청난 갈등, 참을 수 없는 자유롭지 못함 등등이 바로 부정의라고 할 수 있습니다. 다시 말해 이와 같은 상황은 정의를 적용할 수 있는 조건이라고 할 수 있습니다.

끔찍한 궁핍은 정의를 적용할 수 있는 중요한 조건에 속한다고 할 수 있습니다. 사실상 정의가 풀어야 할 많은 과제들은 사회적 재화의 부족으로 생겨납니다. 사회적 재화의 부족은 상대방에 대한 미움을 낳기도 하며 본질적으로는 인간다운 삶을 가로막기도 합니다. 이때 인간다운 삶을 찾는 과정에서 정의에 대한 이야기가 등장하게 됩니다. 갈등 역시 마찬가지입니다. 현 시대는 수많은 갈등이 생겨나고 있습니다. 개인적인 갈등, 세대 간의 갈등, 사회적인 갈등, 국가적인 갈등은 부정의한 상황으로 나아가는 데 결정적인 영향을 끼칩니다. 즉, 정의가 필요한 순간은 다양한 갈등으로부터 출발합니다.

무분별한 차별과 억압 역시 정의가 필요한 순간이라 할 수 있습니다. 현 시대는 다양한 차별과 억압이 존재하고 있습니다. 많은 사회적 약자와 소수자가 고통받고 있습니다. 그렇기에 정의에 대한 다양한 이야기가 나오는 것이라고 생각됩니다. 이때 그 정의가 요구되는 상황을 면밀히 살필 필요가 있습니다. 정의에 대한 이와 같은 적용 조건을 따져 묻는 작업, 다시 말해 부정의한 상황을 꼼꼼히 살피는 작업은 정의를 탐구하는 또 다른 중요한 방법이라고 생각합니다.

3 구체적인 기준으로서 정의

인간은 애초부터 남들과 동떨어져 혼자만의 삶을 살 수는 없습니다. 어쩔 수 없이 우리는 타인과의 관계를 맺어야만 살 수 있습니다. 이때 우리들 각자는 반드시 자연의 재화를 공평하게 나누어야 하며, 사회적 재화를 공정하게 분배해야 합니다. 바로 이러한 타인과의 관계맺음에서 요구되는 것이 정의라고 할 수 있습니다. 정의는 타인과의 관계맺음에서 지켜야 할 책임과 의무이자 하나의 구체적인 기준이 됩니다. 자세히 살펴보면 정의는 살아가면서 지켜야 할 책임이 있는 규칙과 기준과 연결됩니다.

쉬운 예로 우리는 타인들이 배려와 존중과 같은 예의를 지키지 않을 때는 단순히 실망을 표시하지만, 정의를 지키지 않을 때에는 보다 민감하게 반응합니다. 다시 말해 우리들은 동정, 예의, 감사와는 달리 타인들에게 정의를 지키고 인정하라고 요구할 수 있다는 것입니다. 왜냐하면 정의는 사회생활에 있어 모든 사람들이 지켜야 할 기준이라는 지위를 지니기 때문입니다. 앞서 살펴본 분배와 교환으로서 정의는 바로 우리들이 지켜야 할 책임이 있는 구체적인 기준으로서 정의를 이야기하고 있습니다. 저는 분배든, 교환이든, 교정이든 타인과의 관계맺음 속에서 따라야만 할 기준으로서 정의를 설정하고, 그것으로부터 정의에 대한 논의를 출발하는 것이 가장 기본적인 방법이라고 생각합니다.

4 보다 나은 삶을 찾는 주제로서 정의

우리들이 정의에 대해 이야기하는 것은 정의가 우리의 삶을 보다 나은 곳으로 안내할 것이라는 믿음 때문인지도 모르겠습니다. 우리들은 종종 현실에서의 온갖 부정의에 분노하며, 보다 행복하고, 보다 평등하고, 보다 자유로운 삶과 사회에 대한 꿈을 꿉니다. 정의는 바로 이 순간 필요합니다. 궁핍, 차별, 억압, 폭력, 부자유, 불평등 등등을 이야기하고 이것들에 대해 비판할 때 필요한 것이 바로 정의입니다. 따라서 정의는 보다 나은 삶을 찾는 주제의 역할을 맞게 됩니다.

어찌 됐건 정의가 이뤄진다면 지금 이 상황보다는 나은 삶이 가능할 것입니다. 정의는 자발적으로 꾸준히 실행하려고 노력할 때 이루어질 수 있다고 생각합니다. 예컨대 우리들은 다양한 부정의의 상황이 확산되는 것을 막기 위해 정의를 지속적으로 요구해야 하며, 이것으로 나아갈 수 있도록 하기 위한 어떤 목표점으로서 정의를 설정해야만 합니다. 한마디로 정의는 끊임없이 고민하고 노력해야 한다는 의미에서 삶의 목적과 목표일 수도 있겠습니다. 앞서 살펴본 '유토피아적 접근'으로서 정의는 바로 보다 나은 삶을 찾는 주제로서 정의에 대한 이야기입니다. 우리가 정의를 탐구하는 목적을 알아보는 것, 그리고 그럼으로써 정의가 갖는 역할이 무엇인지를 찾는 작업은 정의에 대한 이야기에서 중요한 위치를 차지합니다.

마지막으로 여기서는 다루지 못했지만, 정의를 이야기하는 데 필요한 몇 가지 논의사항을 추가해 보고자 합니다. 저는 정의에 있어서 다양한 감수성이 필요하다고 생각합니다. 상호성과 연대성에 기초해 타인의 기쁨과 행복뿐만 아니라 타인의 고통과 슬픔을 나누려는 감수성, 그들이 겪는 억압과 차별에 대한 분노를 긍정하는 감수성, 불평등과 불공평의 상황에 대한 적개심을 보여주는 감수성, 이와 같은 감수성의 측면이 정의론을 구성하는 데 필요하다고 생각합니다. 이제껏 정의론은 규칙과 기준에 핵심이 맞춰져 있었습니다. 예컨대, 롤스만 하더라도 정의를 이루기 위한 과정과 규칙을 중시했습니다. 하지만 정의는 결국 각 사람들에게 필요한, 각 개인들에 들어맞는, 각 개인들이 요구하는 정의론이 되어야 합니다. 다시 말해 정의론의 핵심에는 '사람'이 있어야 한다고 생각합니다.

마지막으로 정의에 대한 논의에서 제가 중요하다고 생각하는 점은, 거대한 정의의 추구만이 정의로운 사회를 만드는 것이 아님을 깨달아야 한다는 것입니다. 그렇기 때문에 정의는 상호성과 연대성, 그리고 다양한 감수성을 바탕으로 구체적인 현실과 그 속에 사는 각 개인들에 주목해야 한다고 생각합니다. 다시 얘기하자면 정의에 대해 이야기하는 방향성을 조금은 바꾸자는 것이 저의 기본적인 생각이라고 할 수 있습니다. 정의는 우리들이 끊임없이 고민하고 노력해야 하는 개념입니다.

청소년이
아름다움에
눈뜰 때

『금각사』
미시마 유키오
(웅진지식하우스, 2002)

미시마 유키오의 『금각사』로 읽는 아름다움의 철학

서영화

아름다운 것은 내가 생각하기 전에 이미 존재하는가?

우리는 매일 아름다움을 경험합니다. 때로는 아름다운 대상에 압도되어 그 매혹에 대책 없이 끌리기도 하고 어느 날 문득 사랑하는 사람을 아름답다고 생각하기도 합니다. 그리고 우리는 "이 예술작품이 아름답다.", "이 꽃이 아름답다.", 혹은 "누가 예쁘다, 잘생겼다."라는 식으로 아름다움을 표현하며 살죠.

일상의 삶에서 아름다움이라는 것은 아주 가까이에서 경험되는 것 같습니다. 하지만 막상 "아름다움이란 무엇인가"라는 질문을 받으면 여러분은 어떤 생각이 드나요? '아름다움'이라는 말은 지극히 추상적이어서 그 말이 의미하는 바를 직관적으로 떠올리는 것이 쉽지는 않습니다. 우리에게 가장 가까이 경험되는 것에 대해 골몰해서 생각하면, 그것이 가장 먼 것처럼 여겨질 때가 있지요. '아름다움'이라는 말 역시 그런 것 같습니다.

아름다움이라는 주제를 가지고 이야기를 하자면 여러 각도에서 접근할 수 있겠지만, 오늘은 아름다움에 대한 철학적 접근을 시도해 보려 합니다. 아름다움에 대해 철학적으로 접근하는 일은 자칫 어렵게 들릴 수 있지만, 아름다움에 대한 철학적 시야는 우리의 일상적인 경험 밑바닥에서 여러분이 알지 못하는 사이에 작동하고 있는 것이기도 합니다.

누군가는 특정한 예술작품이 아름답다고 말하죠. "모나리자는 아름답다.", "김홍도의 미인도는 아름답다."라고 해요. 더 나아가 TV 교양 프로그램에서는 특정 클래식 음악이나 고전 회화작품을 어떻게 감상할 것인가에 대한 교양 강의를 개최하기도 하고, 우리는 특정 예술작품의 아름다움을 감상하는 방법에 대해서 교육을 받기도 합니다.

예술작품에 대해 감상하는 법을 배우고 가르치는 이러한 일련의 우리의 행위들은 철학적 견지에서 본다면, 다음과 같은 생각을 전제합니다. 아름다움은 우리와 무관하게 그 자체로 실재한다는 사고를 말이죠. 말하자면 "우리가 아름다움이 무엇인가에 대해서 보편적으로 동의하고 합의할 수 있는 이유는 아름다움 자체와 같은 것이 실재하기 때문이다."라는 철학적 입장 말이죠. 아름다움을 객관적으로 실재하는 것으로 이해하기 때문에 보편적인 아름다움의 기준이 무엇이고, 그것을 이미 알고 있다고 생각하는 전문가를 통해서 아름다움이 무엇인가를 알기 위해 교육을 받는 것도 가능한 것이겠죠.

그런데 아름다움이라는 것은 그 자체로 실재하는 것일까요? 반대로 아름다움이라는 것은 우리가 대상에게 부여한 의미와 같은 것은 아닐까요? 가령 우리는 "제 눈에 안경이다."라는 말을 합니다. 어떤 남자는, 몸의 척추가 심하게 휘어서 혼자 힘으로는 설 수조차 없는 자신의 아내가 세상에서 가장 아름답다고 하죠. 굳이 이렇게 극단적인 예를 들지 않아도, 우리는 어떤 것이 아름답다는 것에 대해서 사람들마다 생각이 다른 경우를 흔하게 봅니다. 이와 관련해서 생각해 본다면 '아름다움'이라는 것은 객관적으로 실재하는 것이 아니라, 우리가 창조하고 새롭게 의미부여한 산물이라고 생각할 수 있지 않을까요? 그러니까 아름다움이라는 것은 그 자체로 실재하는 것이 아니라 그것을 경험하는 주체인 우리와의 관계 속에서만 성립하는 것이라고 생각해 볼 수 있습니다.

앞서 살펴보았던 아름다움에 대한 입장, 그러니까 아름다움이 그 자체로 실재한다고 보는 입장은 서구에서 전승되어 온 아름다움에 대한 고전적인 철학의 입장이기도 합니다. 그러나 서구 사회가 근대로 오면서, 이에 대해 회의적인 물음을 던집니다. 인간이 부여한 의미와 무관하게 객관적으로 실재하는 아름다움과 같은 것은 없다는 것이죠. 설사 아름다움이 그 자체로 객관적으로 실재한다고 하더라고 우리가 그것을 어떻게 알 수 있나요? 혹은 우리가 어떻게 경험할 수 있을까요? 나아가 아름다움에 대한 이러한 입장은 어쩌면 우리들이 일상의 구체적이고 생생한 아름다움에 대한 경험을 쓸모없는 것으로 만들어 버리는 것일 수 있습니다. 현실 세계 저편의 세계에 그 자체로 실재하는 아름다움이 있다는 입장은 이 현실 세계에서 생생하고 구체적인 아름다움의 가치를 희생시키는 일종의 굴종적이고 노예적인 생각은 아닐까요?

일찍이 이러한 질문을 던진 자는 서구 사상의 역사 속에서 니체(Friedrich Wilhelm Nietzsche, 1844~1900)라는 사람입니다. 니체에 의하면 객관적으로 실재하는 미와 같은 것은 없습니다. 다만 우리는 객관적으로 미가 실재한다고 가정하고 사는 것일 뿐입니다. 왜냐하면 그렇게 사는 것이 보다 삶을 안전하게 영위하기 위해 유용하기 때문이죠. 니체에 의하면 누군가가 이미 정해 놓은 진리와 삶의 규칙에 따르며 사는 삶은 굴종적인 노예의 삶입니다. 그러므로 우리가 우리 삶의 참다운 주체가 되기 위해서는 스스로가 자신의 삶의 원칙과 원리를 새롭게 정립하는 자, 그러니까 스스로가 창조적인 자가 되어야 합니다.

『금각사』라는 작품은 일차적으로 아름다움과 우리의 관계에 대해서 철학적 물음을 던집니다. 나는 기성의 세계가 만들어 놓은 아름다움의 기준에 따르는 노예의 삶을 살 것인가? 아니면 나 스스로가 아름다움이 무엇인가를 새롭게 세우는 주체의 삶을 살 것인가? 나아가 하나의 문제가 더 남습니다. 우리는 왜 스스로 자처해서 노예의 삶을 살고자 하는가? 앞으로 이러한 문제를 『금각사』를 통해서 전개해 나가고자 합니다.

철학 시간에 『금각사』 읽기

1 소설 『금각사』와 금각사 방화 사건

『금각사』는 문체가 유려하고 아름답기에 전후(戰後) 일본 문학을 대표하는 작품이자 미시마 유키오(이하, 미시마)의 대표작이기도 합니다. 미시마의 작품은 사회적 문제를 주제로 다룬 작품이 많이 있는데요, 『금각사』 역시 실제로 일어났던 일을 토대로 해서 작품화한 것입니다.

작품에 등장하는 금각사는 일본 교토의 기타야마에 있는 선종 사찰입니다. 현재의 금각사는 불에 소실되고 나서 재건된 건축물이죠. 그리고 금각사의 화자인 미조구치가 아버지의 권유로 득도(得度, 세속 사람이 출가하여 승려가 됨을 이르는 말)의 길에 들어서게 된다거나, 미조구치가 금각사를 방화하는 것은 하야시 쇼켄(본명은 요켄)이 금각사를 1950년 7월 2일에 불을 지른 사건에서 모티프를 가져온 것입니다.

그러나 소설 『금각사』가 사회적으로 문제시된 사건에서 주제를 끌어왔다고 해서 이 소설이 시사 소설의 성격을 갖는 것은 아닙니다. 미시마 유키오가 하야시 쇼켄의 방화 사건을 빌려와 정작 이야기하고자 하는 바는 "아름다움이란 무엇인가?"라는 질문을 던지는 것입니다. 나아가 그러한 질문에 대한 서양의 해체주의적 사상과 동양적 선불교의 답변을 대결시키는 작품입니다.

2 미시마 유키오는 누구인가?

미시마 유키오(三島由紀夫, 1925~1970)는 만 45세의 나이로 할복 자살을 해서 스스로의 인생을 마감했다는 점부터, 그의 인생은 그 어떤 작가보다도 극적이라 할 수 있습니다.

미시마 유키오는 어릴 때에 왜소하고 허약한 체구였죠. 또한 그는 어려서 부모와 떨어져 조모와 함께 지내야 했는데, 그의 조모는 그가 어떤 친구들을 사귈 것인지조차 지정해 줬던 것으로 보아, 미시마는 무척 엄격한 집안 분위기 속에서 자란 것으로 보입니다.

어린 시절의 미시마는 오스카 와일드와 릴케, 그리고 일본 고전 작품들을 닥치는 대로 읽는 엄청난 독서광이었습니다. 그러나 미시마의 이러한 문학에 대한 관심은 12살이 되어 부모와 함께 살게 되었을 때 아버지의 강한 반대에 부딪혀야 했습니다. 미시마는 아버지의 뜻에 따라 대학에서 법학을 전공해야 했죠. 그러나 아버지의 반대에도 불구하고 미시마는 어머니의 지원으로 12살에 첫 작품을 쓰기 시작합니다. 그리고 대학에 입학해서 그는 「도적」과 「가면의 고백」을 집필하는데 그의 나이 24세에 이미 유명한 작가가 되죠.

학창 시절의 미시마는 "연약해 보이고 신경질적이지만 예의 바른 청년"이었다고 합니다. 그러던 미시마는 30대 이후 정신의 건강을 지키기 위해서는 육체적으로 강건해져야 한다는 생각을 하게 되죠. 그 후로 그는 죽기 전까지 규율을 엄격하게 지키는 생활을 유지했고, 검도와 같은 운동을 통해 육체를 단련합니다.

그런데 미시마 유키오라는 작가를 이해하기 위해서는 이러한 연대기상에 드러나는 그의 행적만을 보아서는 안 됩니다. 그는 누구보다도 자기 극복의 "의지"를 중시하는 사람이었죠. 나아가 그는 인간의 자기 극복의 의지는 죽음을 통해 완전하게 드러나고 소진된다고 생각한 사람이기도 합니다.

미시마는 생전에 "명예로운 이유를 갖는 죽음"을 동경해 왔습니다. 그리고 그는 이러한 생각을 행동에 옮깁니다. 1970년 11월 25일 그의 나이 45세 때, 자신이 조직한 우익 단체인 '방패의 모임(楯之會, 다테노카이)' 대원들을 이끌고 일본 육상 자위대에 진입하여 "죽음을 두려워하지 말고 진정한 무사로서 거듭나기를 원한다."는 메시지와 함께 천황 폐하 만세를 외치고 할복자살을 합니다. 미시마는 당시 일본의 자주 국방을 옹호하고 일본의 전통적인 가치와 천황의 집권을 주장했다는 점에서 그의 정치적 관점은 우익 보수주의자라고 할 수 있습니다.

또한 미시마는 당대 일본의 전위 학생운동 조직인 전공투(전국학생공동투쟁회의)와의 사상적 투쟁도 불사합니다. 물론 미시마는 전공투와의 대결에서 시대착오적인 "근대 고릴라"라는 조소도 받지만, 분명한 것은 전공투 학생들은 당대 사회에서 기득권을 유지하기 위한 삶을 사는 지식인들보다 미시마를 존경했다는 사실입니다.

미시마라는 작가를 이해하기 위해서는 이러한 그의 정치사상을 이해할 필요가 있지만, 『금각사』라는 소설의 주요 면모를 전체적으로 접근하기 위해서는 작가의 '정치적 관점'에 대한 이해만으로는 부족할 것 같습니다.

『금각사』를 이해하기 위한 중요한 열쇠는 무엇보다 미시마가 서양철학과 동양사상 전반에 대해 상당한 식견을 가진 사람이라는 점입니다. 이 작품은 비록 소설의 형태를 띠고 있지만, 이 작품을 읽는 독자들은 서양철학과 동양사상에 대한 일정한 식견을 가지고 있어야 합니다. 미시마의 서양철학과 동양사상에 대한 폭넓은 교양이 이 작품의 주제를 형성하고 있기 때문이죠. 저자는 이에 관해서 다음과 같이 분명하게 적고 있습니다.

"학교 도서관이 나의 유일한 향락 장소가 되어, 그곳에서 불교서적은 읽지 않고, 닥치는 대로 번역소설이나 철학 따위를 읽었다. 그 작가들의 이름이나 철학자들의 이름을 여기에서 밝히기는 삼가겠다. 그들의 작품에서 다소라도 영향을 받은 것이, 훗날 내가 저지른 행위의 원인이 되었다는 사실은 인정하지만……."(『금각사』, 6장)

3 시대가 낳은 주제

『금각사』에서 가장 중요한 주제는 "금각사의 파괴"입니다. 이 주제는 2차 세계대전이라는 시간적 특수성과 관련을 갖습니다. 2차 대전 중에 일본의 여러 도시는 폭탄으로 폐허가 되죠. 그렇게 일본의 2차 대전에 참전하고 패전하는 역사적 과정은 소설 속에서 금각사도 머지않아 불에 타버릴 수 있다는 가능성으로 변형되어 드러납니다. 그런 점에서 『금각사』라는 작품에는 작가가 2차 대전을 몸소 경험했다는 시대적 특수성이 작용합니다.

또한 참전 국가이자 패전 국가인 일본이라는 특정한 공간에서 작가가 삶을 살았다는 사실 역시도 작품의 전개에 영향을 주었을 것으로 보입니다. 그렇게 미시마에게는 2차 대전을 통해 모든 것이 불타버릴 수 있으며, 아름다움의 결정체인 금각사마저 언제든 불타버릴 수 있다는 가능성을 작품의 주제로 설정하게 됩니다.

그런데 대개 전후문학의 주제는 "인간 정신의 무력함"과 "허무주의적 냉소"입니다. 전후문학은 도덕과 가치를 부르짖는 인간의 이상(理想)과 인간이 인간을 살육하는 현실 사이에서 드러나는 모순에서 피어나기 때문이죠. 이러한 현실과 이상 사이의 모순과 부조리에 대한 고발과 함께, 그 속에서 겪게 되는 작가 자신의 실존적 고통에 대한 서술이 전후문학의 주요 주제가 됩니다.

그러나 미시마는 전쟁 이후의 폐허의 현실 속에서 오히려 인간 고유의 힘을 발견합니다. 아니 오히려 인간 고유의 힘을 발견하기 위해서는 기존의 모든 가치와 그것을 지탱하는 근본적인 전제가 모두 철저하게 몰락해야 한다고 봅니다. 예컨대 금각이 전쟁으로 재로 변할 수 있다는 가능성 속에서 작가는 오히려 외계 세계에 존재하는 완전무결한 금각과 나라고 하는 하나의 개별적인 개체와의 연결 고리를 비로소 발견할 수 있게 됩니다. 그럼 이러한 소설의 시대적 공간적 특성을 염두에 두고 소설 『금각사』에 대한 철학적 읽기를 시작해 봅시다.

나는 자신도 모르는 곳에 이미 미라는 것이 존재하고 있다는 생각에, 불만과 초조를 느끼지 않을 수 없었다. 미가 명백히 그곳에 존재하고 있다면, 나라는 존재는 미로부터 소외된 것이 된다.(『금각사』)

Thinking

아름다움에 관한 세 가지 질문

1 "아름다움이란 무엇인가?"라는 물음의 시작

"내가 인생에서 처음으로 직면한 문제는, 아름다움(美)이었다고 해
도 과언은 아니다."(『금각사』, 1장)

『금각사』의 주인공인 '미조구치'가 그의 인생을 살아가면서 처
음으로 직면하게 된 문제는 아름다움입니다. 그런데 인생의 문제
가 '아름다움'이라는 것은 사실 상당히 추상적으로 들리지 않습니
까? 문제는 조금 더 저 깊은 곳에 있습니다.

미조구치의 아버지는 시골의 소박한 승려였어요. 그런데 그 아
버지는 시간만 나면 이 어린 소년에게 금각의 아름다움을 이야기
하곤 했습니다. 그 때문인지 미조구치는 '아름다움'이란 무엇인가
에 대해 자각하고 표현할 수 있는 적합한 단어들을 알게 되기 전의

어린 시절부터, 여름철의 꽃들이 아침 이슬에 젖어 희미한 빛을 발하는 것을 볼 때에도, 혹은 아름다운 사람의 얼굴만 보아도 '금각처럼 아름답다'고 말하게 됩니다.

그러니까 미조구치에게는 어려서부터 '미'란 무엇인가라는 것이 자신의 삶의 문제가 되어버린 것입니다. 그리고 소년은 아버지를 따라 드디어 아름다움이라는 것을 삶의 문제로 만들어버린 그 문제의 금각을 볼 수 있는 기회를 얻게 됩니다.

2 완전한 금각을 꿈꾸다

"그리하여 그토록 꿈에 그리던 금각은 너무도 싱겁게 내 앞에 그 전모를 드러내었다. …… 아무런 감동도 일지 않았다. …… 나는 금각이 그 아름다움을 숨기고, 무언가 다른 물체로 둔갑한 것이 아닐까 생각했다. …… 좀 더 금각에 접근하여, 내 눈에 추하게 느껴지는 장애물들을 제거하고, 하나하나 세부를 점검하여, 아름다움의 핵심을 이 눈으로 보아야 한다. 내가 눈에 보이는 아름다움만을 믿고 있었던 이상, 이러한 태도는 당연하였다. …… 나는 우선 유리 상자에 들어 있는 정교한 금각의 모형을 보았다. 이 모형은 내 마음에 들었다. 이쪽이 오히려 내가 꿈에 그리던 금각에 가까웠다."(『금각사』, 1장)

그러나 그토록 꿈에도 그리던 금각은 소년에게 아무런 감동도 불러일으키지 않았습니다. 소년에게 금각은 그저 낡고 거무튀튀하고 초라한 3층 건물에 지나지 않았습니다. 여러분에게도 이러한 경험이 있을까요? 사람들이 아름답다고 이야기를 하는데 막상 본인의 눈으로 직접 보니 별반 감흥이 일어나지 않는 경험 말입니다. 그런 상황에서 우리는 대개 본인의 무지를 탓하죠. 내가 아는 것이 부족해서 그 작품의 아름다움을 모르는 거겠지라고 말이죠. 그런데 미조구치는 눈에 보이는 금각 저편의 "완전한 금각"을 떠올립니다.

3 불변의 금각으로부터 소외되다

"나는 자신도 모르는 곳에 이미 미라는 것이 존재하고 있다는 생각에, 불만과 초조를 느끼지 않을 수 없었다. 미가 명백히 그곳에 존재하고 있다면, 나라는 존재는 미로부터 소외된 것이 된다."(『금각사』, 1장)

그런데 완전한 아름다움을 구현하는 '완전한 금각'과 같은 것이 있다는 생각은, 비록 그것이 금각의 모형이든, 혹은 소년의 상상 속에서만 있든, 소년에게는 미로부터 자신이 소외되었다는 감정을 불러일으킵니다. "완전한 금각"이 있다는 사실에서 소년은 불안함과 초조함을 느끼는 것이죠. 금각이 나의 내면과는 상관없이

나의 밖에, 그것도 나의 주위에 완전하고도 확고하게 존재하고 있다는 사실은 그러한 완전성을 갖춘 아름다움의 결정체에 내가 관여할 틈이 전혀 없다는 것을 의미하기 때문입니다. 그리고 그러한 아름다움으로부터의 소외 의식은 소년에게 삶에서 해결해야 할 하나의 문제로 다가옵니다.

4 '무력함'의 근원인 금각을 파괴하다

"금각을 불태운다면 …… 그 교육적인 효과는 각별하겠지. …… 우리들의 생존을 떠받치고 있는 자명한 전제가 내일이라도 무너지리라는 불안을 배우기 때문이다. …… 나의 행위에 의해서 금각이 존재하는 세계를, 금각이 존재하지 않는 세계로 뒤바꾸게 되리라. 세계의 의미는 확실히 변하겠지. …… 눈앞에 보고 있는 세계의 몰락과 종결은 바로 가까웠다. …… 금각을 올려 놓은 세계는 …… 확실히 무너져 내리고 있었다."(『금각사』, 8장)

미조구치는 오타니 대학의 의예과에 진학하게 되는데, 그에게 대학은 그의 인생에서 커다란 전환점이 되는 장소입니다. 미조구치는 이제까지 아름다움이라는 것은 절대적이고 완전무결하게 현실을 초월하는 세계에 존재하는 것으로 생각하고 있었습니다. 그리고 완전한 아름다움의 결정체가 있는 것과 마찬가지로 우리에게는 도덕적인 삶을 살아야 한다는 분명한 이유 역시 있다고 생각했습니다. 적어도 대학에서 동료인 가시와기를 만나기 전까지는 말이죠.

그러나 미조구치는 예과 동급생인 가시와기와의 만남 이후 기존의 가치관에 일종의 균열을 경험합니다. 애초에 "미란 무엇인가?"라는 물음을 던지게 했으며, 아름다움 자체이기도 한 금각이 미조구치에게 이제는 그의 삶의 의지와 청년으로서의 생생한 욕동을 방해하는 것으로 느껴지는 겁니다. 이제 금각은 '무력함의 근원'으로 경험됩니다.

그렇다면 금각사가 '무력함의 근원이다'라는 말을 어떻게 이해해야 할까요? 이를 위해서는 미조구치와 녹원사 주지 간에 생긴 사건을 떠올려야 합니다. 미조구치는 우연히 길에서 녹원사 주지가 기방 여자와 함께 있는 것을 보게 됩니다. 절에서 모든 현세에서의 욕망을 근절하는 삶을 살아야 한다고 가르치는 노사가 기방 여자와 함께 있는 것을, 그것도 그 절에서 배우는 아기 중에게 들키게 된 것은 아주 불명예스러운 일이 아닐 수 없습니다. 그런데 그 사건이 일어난 후 주지는 그 일에 대해 미조구치에게 일말의 변명도 하지 않습니다.

절간에서는 현세를 모두 초탈하고 심지어 현세를 모멸하는 듯한 주지의 평소의 태도와, 사생활에서 불륜을 저지르는 주지의 행동은 서로 조화하기 힘든 모순에 찬 것이었죠. 더 나아가 미조구치가 주지를 용서하기 힘든 것은 자신의 부조리한 행동에 대해서 어떠한 자책이나 반성도 하지 않는 태도였습니다. 자신의 부조리함에 대해 침묵하는 노사의 모습은 그야말로 무력한 인간의 모습이었습니다. 그런 노사의 태도에서 주인공은 극도의 혐오감을 느끼게 됩니다. 그리고 미조구치는 마침내 노사의 그러한 무력함과 비겁함의 근저에는 "완전한 금각"이 자리한다고 생각합니다.

현실은 본디 변화무쌍하고 허망한 것입니다. 그러나 그러한 현실의 참모습을 받아들이고 감내하기란 인간으로서 힘든 고통입니다. 그렇기 때문에 그러한 고통을 감내할 용기와 의지가 없는 무력한 개인들은 그러한 고통으로부터 일종의 도피처나 안식처를 만들어냅니다. 마찬가지로 미조구치에게 금각은 이제 그러한 비겁하고 무력한 이들이 마련한 현실의 도피처와 같습니다. "절대적이고 완전한 아름다움의 실현체로서의 금각이 있다."는 사실로부터 고통스러운 현실을 견뎌낼 수 있는 도피처를 만들어내는 것이죠. 그러한 자각을 하게 된 미조구치는 금각을 불태우겠다고 결심합니다.

"내 주위의 모든 것들로부터 도망치고 싶어. 내 주위의 것들이 뿜어내는 무력한 냄새로부터…… 금각은 무력하지 않아. 결코 무력하지 않아. 하지만 모든 무력의 근원이지. 그리고 그 여행지에서 화창한 봄날의 오후 돌연히 주인공은 잔악한 상념에 젖게 된다. '금각을 불태워야 한다.'"(『금각사』, 7장)

소외, 해체 그리고 참여

『금각사』라는 소설의 주제가 "아름다움이란 무엇인가?"라는 물음에 있다는 것은 앞서 말한 바 있습니다. 나아가 미시마 유키오는 "아름다움이란 무엇인가?"라는 문제에 대한 서구의 고대와 현대의 답변과 동양사상의 진수라고 할 수 있는 동양 선불교의 답변을 소설 속에서 대결시키고 있죠.

1 서구의 실재론적 미론

(1) 플라톤의 이데아

현대 철학의 거장인 화이트헤드(Alfred North Whitehead, 1861~1947)는 서양 철학사 전체를 단 하나의 문장으로 정의합니다. 그에 따르면 철학사 전체는 플라톤 철학의 각주에 불과합니다. 그의 이러한 서양 철학사에 대한 일갈은 그의 철학보다 더 유명해져서 사람들의 입에 오르내립니다. 이는 그만큼 많은 사람들이 이 화이트 헤드의 명제에 동감한다는 말이기도 하겠죠. 그렇다면 기원전에 이미 생을 마감한 플라톤의 생각이 어째서 현대를 살아가는 오늘날의 우리의 생각을 지배하게 되는 것일까요?

플라톤이 세상의 모든 사물들과 그러한 사물에 대한 인간의 참된 앎의 가능성을 이데아(Idea)를 통해서 해명하는 것은 철학사적으로 혁명적인 사건이었죠. 플라톤에 의하면 철학은 진리를 추구하는 학문입니다. 진리를 추구한다는 것은 참된 것을 아는 것입니다. 그런데 참된 것은 우리가 감각적으로 볼 수 있는 현상 세계에서는 존재하지 않습니다. 현상 세계에 존재하는 모든 것들은 생성했다가 소멸해 버릴 수밖에 없기 때문이죠. 그렇기 때문에 현상 세계의 존재자들은 다른 것들을 존재하게 할 수도 없고, 참된 앎의 척도일 수도 없어요.

이러한 현실 세계의 사물들을 우리의 감각기관인 눈을 통해서 보고 아는 것이 거짓이자 환상의 결과일 수 있다는 것을 플라톤은 그의 유명한 저작 『국가』에서 "동굴의 비유"를 통해 설명합니다. 플라톤의 "동굴의 비유"는 철학자들의 예화 중에서도 사람들의 사랑을 많이 받아온 철학적 비유이기도 합니다. 영화 「매트릭스」에서 매트릭스를 시온의 세계와 대비해서 설정하는 것은 이러한 동굴의 세계라는 모티프를 차용한 것입니다. 매트릭스는 시온의 세계와 대비되는 일종의 환상의 세계입니다.

"동굴 속 인간들은 모두 쇠사슬로 고정된 채 동굴 안쪽 벽만을 바라보고 살도록 운명 지어져 있습니다."(플라톤의 동굴을 형상화한 삽화)

「매트릭스」에서 네오는 낮에는 회사원으로 밤에는 컴퓨터 해커로 살아갑니다. 그런데 네오는 나중에야 매트릭스를 기계가 지배하는 세계로서 알게 되죠. 그리고 그 세계에서 경험하고 느끼는 감각 경험들은 다만 기계들에 의해 사육되고 있는 인간들에게 입력되는 조작된 정보에 지나지 않습니다. 그와 마찬가지로 동굴의 비유에 따르면 우리 모두는 동굴 속에서 살아가고 있습니다. 밖의 세상과 이어진 동굴 입구에는 횃불이 놓여 있고, 동굴 속 인간들은 모두 쇠사슬로 고정된 채 동굴 안쪽 벽만을 바라보고 살도록 운명 지어져 있습니다. 위의 삽화를 보죠.

반면 참된 세계에 대한 앎은 동굴 밖의 태양 아래에서만 가능합니다. 그리고 그 태양 아래에서 우리는 비로소 모든 참된 것들과 참된 앎의 근원인 이데아를 볼 수 있습니다. 동굴의 비유에는 동굴 밖의 세계, 그러니까 태양 아래의 참된 세계가 우리의 의지와 참여와 무관하게 무시간적으로 있다는 철학적인 전제가 담겨 있습니다. 이와 마찬가지로『금각사』에서 현실 세계 밖에 독자적으로 실재하는 "완전한 금각"과 같은 것이 있다는 설정에는 이러한 플라톤 철학의 가정이 자리합니다.

(2) 플라톤의 예술관

플라톤에게 이데아의 세계는 우리가 구체적으로 감각하고 경험하는 현상 세계에 존재하는 모든 것들과 앎의 근거입니다. 그렇다면 우리는 이렇게 물어볼 수 있습니다. 생성 소멸하는 세계 속에서 삶을 영위하는 유한한 인간이 도대체 그러한 이데아에 대한 앎을 가질 수 있을까요?

그런데 생각해 보면 우리는 학교에서 배우기도 전에 기하학과 수학에 대한 일정한 앎을 가지고 있음을 알 수 있습니다. 제가 "삼각형의 내각의 합은 180°이다."라는 하나의 명제를 말했다고 가정해 봅시다. 그런데 우리는 실제로 내각의 합을 180°로 갖는 삼각형을 어떠한 칠판이나 노트 위에 단 한번이라도 누군가에게 보여주는 것은 불가능합니다. 왜냐하면 구형으로 존재하는 지구 위에 살고 있는 인간에게 완전한 평면 위에서 내각의 합을 180°로 갖는 '완전한 삼각형'을 그리는 것은 불가능하기 때문입니다. 하지만 우리는 그러한 도형이 있다고 치고 수학이나 기하학을 가르치고 배우죠.

플라톤이 보기에 참된 세계는 영원하게 지속하는 이데아들의 세계입니다. 그리고 우리가 감각적으로 경험하는 현상 세계는 영원하게 실재하는 이데아의 세계를 수적인 질서를 통해서 모방한 결과입니다. 우리가 수학과 기하학에 대한 앎을 가질 수 있는 이유도 세계가 그렇게 수적인 질서를 갖기 때문이죠. 그렇기 때문에 플라톤에게 수학과 기하학과 같은 이론적 앎과 현상 세계의 앎의 근거와 존재의 근거가 무엇인가를 따져 묻는 변증술과 같은 이론적 지식이야말로 영원하게 실재하는 이데아에 도달하기 위해 필요한 참된 앎입니다.

반면 플라톤에게 예술은 이데아에 대한 2차적인 모방의 결과입니다. 말하자면 현상 세계가 이데아를 모방한 결과라면, 예술은 이데아를 모방하는 현상 세계를 모방한 산물입니다. 화가들이 산을 보고, 강을 보고 혹은 아름다운 사람을 보고 그림을 그리는 것을 생각해 보세요. 그러니까 이 세계에 존재하는 모든 것들이 이데아 세계의 모방의 산물이라면, 그러한 현상 세계를 모방하는 예술작품은 일종의 이차적 모방의 산물인 셈입니다. 그렇게 예술은 실재하는 것으로부터 멀리 떨어진 것이 됩니다.

현실에 대한 2차적 모방에 불과한 예술을 플라톤은 분별 능력이 없는 사람들에게 특히나 위험한 것이라 생각합니다. 당시 그리스 사회에서는 '호메로스'의 예술작품들이 공동체 내에서의 교육

자료로 쓰였습니다. 그런데 플라톤은 교육에 있어서 '철학과 예술 간의 대결'을 선언합니다. 이제까지 예술이 교육을 담당해 왔다면, 이제 이론적 지식을 통해 참된 것에 대한 앎에 도달하는 철학이 그 것을 대신해야 한다는 것입니다.

본론으로 다시 돌아와서 플라톤의 예술에 대한 입장을 다르게 생각해 보자면, 예술이 예술일 수 있는 이유는 '이데아'에 대한 2차 적 모방에 있는 것입니다. 이와 같이 아름다움이 아름다운 것으로 있을 수 있는 이유가 이데아에 있으며, 그렇기에 아름다움은 이데 아와 같이 시공간을 초월해 있는 객관적 실재를 모방하는 것이라 는 관점이 됩니다. 이와 같이 미가 객관적으로 실재하는 것에 대한 상징이라는 것이 『금각사』라는 소설에 깔려 있는 첫 번째 철학적 주제입니다.

2 서구의 해체와 창조의 미론

(1) 해체와 창조의 철학자, 니체

니체 철학 전체를 관통해서 일관되게 유지되는 주제는 플라톤 형이상학과 서구 기독교에 대한 비판 정신입니다. 니체가 보기에 플라톤 형이상학과 서구 기독교는 인간의 나약함과 비겁함에서 비롯되었으며, 그렇기에 인간의 활기차고 건강한 삶을 불가능하 게 합니다.

현실 세계는 변화무쌍하고 생성하는 세계입니다. 그렇기에, 그러한 생성하는 세계는 결국에 죽음으로 끝나고 마는 덧없는 현실이기도 하죠. 그런데 플라톤 형이상학과 서구 기독교는 그렇게 덧없는 현실을 감내할 수 없는 비겁한 자들의 도피처와 같은 것입니다. 플라톤에 따르면 참된 세계는 영원히 불변하고 영원히 지속하는 것입니다. 그리고 진리는 그러한 참된 세계와의 일치를 말하는 것입니다. 그러하기에 진리 역시 절대적이고 무시간적으로 참된 것이 됩니다. 니체에 의하면 플라톤 형이상학이 참된 세계에 대한 이러한 입장을 갖는 이유는 덧없는 현실을 견뎌나갈 힘이 없기 때문입니다. 그리고 그렇게 정신적으로 강인하지 못한 자들이 영원히 불변하고 영원히 지속하는 형이상학적 세계에서 도피처를 만들어 놓은 것이죠. 마치 "아름다움의 결정체인 완전한 금각이 있다."라는 확신이 무력한 인간들의 안식처가 되는 것처럼 말이죠.

마찬가지로 서구 기독교적 신 역시 나약한 자들의 도피처에 불과합니다. 나약한 자들은 자신의 삶이 죽음으로 끝을 맺는 헛된 것일 수 있다는 엄중한 사실을 받아들일 수 없습니다. 그렇기 때문에 그들은 초월적인 내세나 초월적인 신을 설정하고 그로부터 고된 삶의 위안을 찾는 것이죠. 현실 세계에서의 아픔과 고통은 저 내세에서 모두 보상받을 것이라고 말이죠. 나아가 플라톤과 서구 기독교 사상은 신의 명령을 도덕적 준칙과 동일시하고, 그러한 도덕에 따르는 삶을 절대적으로 올바른 삶으로 설정하고, 선과 악을 절대적으로 나눕니다.

니체에 의하면 플라톤적인 진리는 인간 생의 보전을 위한 가치에 불과하게 됩니다. 플라톤 이래로 최고의 진리로 간주되어 온 사상들은 비록 그 내용들은 상이하다 하더라도 다음과 같은 공통된 사상을 전제하죠. 첫째, 세계 질서는 하나의 윤리적 목적을 가지며 전개된다. 둘째, 세계 속에 존재하는 것 전체는 사랑과 조화를 증대하는 방식으로 통일되어 있다. 마지막으로, 세계가 이와 같이 사랑과 조화를 증대하는 방식으로 있기 때문에 결론적으로 인간은 최고의 행복을 구가할 수 있다.

니체가 보기에 플라톤이 말하는 이러한 진리는 "그것 없이는 어떠한 특정 종의 생명체도 살 수 없는 [필연적인 것이다. 그렇지만] 일종의 오류"(『힘에의 의지』, 493번)입니다. 그것도 인간이 세계 속에서 스스로의 가치를 믿기 위한 설정해 놓은 기만의 산물이자 일종의 '오류'입니다. 다른 말로, 진리는 인간이 생의 존립 확보를 위해 필요로 하는 확고한 지지대 혹은 삶의 의지처와 같은 것이죠.

종교와 도덕은 나약한 자들이 현실을 도피하기 위한 수단에 불과합니다. 반면 모든 존재하는 것들은 본디 생에의 의지를 갖습니다. 존재하는 모든 것들은 자기 자신을 보다 강화하는 방식으로 생을 살아간다는 것이죠. 그리고 인간의 이러한 생에의 의지의 발현은 고정된 이데아의 세계 속에서 진리를 발견하는 철학이나 종교를 통해서 온전하게 표현될 수 없습니다. 그러므로 생을 온전하게 실현하고 전개하기 위해서는 기존의 진리가 파괴되어야 합니다.

기존에 절대적인 것으로 신봉되어 오던 가치들이 이와 같이 나약한 자들의 삶의 의지처에 불과한 것으로 드러나는 것이 "니힐리즘"입니다. 니체는 니힐리즘에 대해서 1887년 11월과 1888년 2월 사이 '우주론적 가치들의 붕괴'라는 제목을 달아 단편 2번(XV 145쪽 이하)에 다음과 같이 적습니다.

> "니힐리즘은 무엇인가? 그것은 최고의 가치들(die obersten Werte)이 무가치하게 된다는 것이다(sich entwerten). 그리고 이는 목표(das Ziel)가 결여되어 있다는 것, 즉 '왜?'라는 물음에 대한 답이 결여되어 있다는 것을 의미한다."

니체에게 니힐리즘의 도래는 기존의 형이상학적인 가치들이 몰락하는 것을 말합니다. 그러나 형이상학적 가치들은 저절로 붕괴되지는 않습니다. 오히려 그러한 형이상학적 가치를 몰락시킬 수 있는 것은 인간뿐입니다.

니체에게서 보여지는 이러한 형이상학적 진리의 파괴 정신은 『금각사』에서 금각사의 파괴의 모티프와 연결됩니다. "완전한 금각"이 현실 세계와 동떨어져서 그 자체로 절대적으로 존재한다고 생각되었던 금각사가 파괴될 수 있는 것으로 인식될 때 말이죠. 소설 속에서는 제2차 대전 중에 금각이 소이탄과 같은 폭탄에 의해 언제든지 파괴될 수 있는 것으로 경험되듯이 말입니다.

"머지않아 금각은, 공습의 불길에 타 없어질지도 모른다. (46) ……
불에 타 버릴 운명이라는 사실은 금각이 더 이상 부동의 건축이 아니라,
현상계의 덧없는 상징으로 바뀌었다. (49) 나를 거절하며 나를 소외시
키고 있는 듯이 여겨졌던 것과의 사이에, 다리가 놓였다고 느꼈다."(『금
각사』, 2장)

그렇다면 우리가 이제까지 올바른 삶의 척도라 여겨왔던 것들
이 무너진 다음에 세계 속에서 삶을 산다는 것은 더 이상 아무런
의미도 가질 수 없는 것일까요? 니체는 세계를 지배해 오던 형이
상학적 가치가 전적으로 무가치한 것으로 인식될 때, 비로소 인간
에게는 새로운 의지가 발원된다고 합니다. 이제 인간은 새롭게 가
치를 창조하는 자이어야 합니다. 니체에게 참되게 사는 것은 구체적
으로 생성하고 소멸하는 세계 속에서 우리의 존재를 고양하는 것이
어야 합니다. 그리고 그것이 최상으로 발현되는 형태는 예술입니다.

(2) 니체의 예술론
니체는 내세에 존재하는 절대적 이데아를 모방하는 진리에 대
한 추구야말로 인간의 생의 의지를 저하시키고 삶의 의지를 무
력화시키는 것으로 이해합니다. 니체에 의하면 존재자를 존재자

이도록 하는 것은 "힘에의 의지(Wille zur Macht, will to power)"입니다. 생명체 전체는 자신의 생을 지속하고 고양시키기 위해 사는 것입니다. 우리의 삶은 자신의 존재를 고양하는 방식으로 지속적으로 생성하는 것이어야 합니다. 그렇기에 니체에게 절대적이고 고정된 진리에 대한 확고한 믿음에서 기반하는 이론적 지식은, 그러니까 철학이나 종교는 형이상학적 가상에 불과합니다. 반면 예술은 새로운 가치를 정립하는 힘에의 의지 방식을 가장 투명하게 드러내는 형태입니다. 예술이야말로 변화무쌍한 현실을 왜곡하지 않고 그 자체로 수용할 수 있는 최고의 인식 형태이기 때문입니다. 그러나 니체에게는 모든 예술이 최고의 인식 형태인 것은 아닙니다. 니체는 예술에서도 상대적으로 지속하는 성격을 갖는 건축이나 회화 작품보다도 음악 예술을 최고의 인식 형태라고 생각합니다.

그렇기에 미시마는 금각사에 "완전한 금각"이라는 이름을 주저하지 않고 붙일 수도 있게 됩니다. 그리고 금각과 같은 건축물을 통해 실현되는 미는 생명으로부터 멀리 떨어져서 생을 차단하고 생을 모욕하는 듯이 보이는 것도 이 때문입니다. 금각은 객관적으로 실재하는 지속되고 반복되는 아름다움을 드러내는 것으로 이해되기 때문이죠. 나아가 이는 『금각사』에 등장하는 금각의 파괴라는 주제와도 관련됩니다. 지속되고 반복되는 아름다움을 드러내는 금각은 내세에나 존재하는 영원한 세계를 모방하는 영원한 금각입니다. 그렇게 영원한 세계를 모방하는 금각과 같은 건축은 오히려 생을 모독하는 예술작품이며, 그렇기에 생을 모독하는 금각은 파괴되어야 마땅한 것이 되는 것이죠.

반면 음악에서 실현되는 아름다움은 이와 다릅니다. 음악은 한 순간 나타났다가 곧바로 사라지는 것이죠. 마치 수일 후에 시드는 꽃과 같이 말이죠. 그러니까 음악은 생성 소멸하는 생과 가장 가까운 예술이며, 음악이야말로 우리로 하여금 순간의 찰나에게서만 경험되는 아름다움에 도달하도록 합니다.

> "가시와기를 깊이 알게 되면서 느낀 사실이지만, 그는 오랫동안 지속되는 미를 싫어하였다. 곧바로 사라지는 음악이라든지, 수일 후에 시드는 꽃꽂이라든지, 그의 취향은 그러한 것들에 한정되어, 건축이나 문학을 싫어하였다. 그가 금각에 온 것도, 달에 비치는 동안의 금각을 찾아서 온 것임에 틀림없었다. 그렇다 하더라도 음악의 미는 얼마나 불가사의한 것인가! 취주자가 성취하는 그 일순간의 미는, 일정한 시간을 순수한 지속으로 바꾸어, 확실히 반복되는 것이 아니라, 하루살이와 같은 단명의 생물처럼, 생명 그 자체의 완전한 추상이며, 창조였다. 음악만큼 생명과 유사한 것은 없었고, 똑같은 미라 하더라도, 금각만큼 생명으로부터 멀리 떨어져서 생을 모욕하고 있는 듯이 보이는 미는 없었다."(『금각사』, 6장)

우리는 플라톤과 니체를 통해 "참된 진리란 무엇이고, 미란 무엇인가?'에 대한 서양적 답변을 들을 수 있었다면, 이 물음에 대한 동양적 응답은 남천참묘라는 동양 선불교에서 발견할 수 있습니다.

3 동양의 해체와 견더냄의 예술

(1) 선불교의 파괴 모티프: 남천참묘

남천참묘(南泉斬猫)란 그 뜻을 헤아리기 어렵기로 유명한 선불교의 문답입니다. 이 이야기는 당나라 시절 한적한 산 속 절간에 새끼 고양이 한 마리가 나타난 것으로 시작합니다. 절간에는 모든 속세와의 인연을 끊고 부처의 깨달음을 얻기 위해 수행하는 승려들이 살고 있었습니다. 그런데 어느 날 절간에 나타난 새끼 고양이는 그런 승려들의 평정심을 깨뜨립니다. 고양이는 무척 아름다웠습니다. 미시마는 그 고양이의 아름다움을 다음과 같이 묘사합니다. "새끼 고양이 눈은 금빛에, 털에는 윤기가 흘렀으며, 고양이의 그 작고 부드러운 몸에는 마치 이 세상의 모든 향락과 아름다움을 간직하고 있는 것같이 느껴졌다."

부처의 깨달음을 얻고자 하는 사람들은 본디 어떤 것을 소유하고자 하는 집착에서도 벗어나야 하는 자들이죠. 그런데 절간 승려들이 이 새끼 고양이를 키우겠다고 서로 다툽니다. 이를 본 남천 스님은 "너희들이 올바른 해결책을 구하면 살려줄 것이고, 구하지 못하면 베어버리겠다."고 말합니다. 스님들이 마땅한 대답을 하지 못하자 남천스님은 고양이를 베어버립니다.

미시마는 남천스님이 고양이를 벤 것을 자아가 빠지게 되는 망념과 망상의 근원을 제거하는 행동으로 해석합니다. 이 세상에 만일 어떤 모순과 대립, 나아가 갈등과 같은 것이 존재한다면, 그것은 우리 마음 안에 자리하는 망상과 집착에서 유래하는 것입니다. 그러니 남천스님의 행동은 고양이를 서로 갖겠다고 다투는 스님들의 헛된 집착을 끊는 것이죠. 보통 이를 남천스님의 '살인도(殺人刀)'라 말합니다. 나아가 헛된 집착에서 벗어나야 한다는 것은 심지어 그러한 집착에서 벗어나야 한다는 집착마저도 벗어나야 함을 의미합니다. 그렇기에 선불교의 다음과 같은 유명한 구절이 이로부터 생겨난 것이죠.

> "부처를 만나면 부처를 죽여라. ……비로소 해탈할 수 있노라."(『금각사』, 6장)

남천스님의 살인도와 서양에서의 니체의 사유는 기존에 진리에 대한 확고한 믿음과 그러한 진리를 참된 것이라 믿는 자아에 대한 확신조차도 파괴해야 한다는 공통된 가르침을 보여줍니다.

(2) 선불교의 고통의 근원을 견뎌내기: 조주의 행동

남천참묘라는 선불교의 문답은 남천스님의 제자인 조주의 행동으로 완결됩니다. 남천스님이 고양이를 죽인 그날, 날이 저물어 조주가 절간으로 돌아옵니다. 남천스님은 사건의 전말을 조주에게 설명하고 의견을 물었습니다. 그런데 남천스님의 물음에 대해 조주는 답변을 하지 않고 신고 있던 신발을 벗어 머리 위에 올린 채 나가버립니다. 그러자 남천스님은 "아아, 오늘 네가 있었더라면 고양이 새끼도 목숨을 건졌을 텐데."라고 탄식합니다. 남천참묘가 난해하기로 유명한 선불교의 문답인 이유는 조주가 머리에 신발을 올려놓는 대목입니다.

> "조주는 곧바로 신고 있던 신발을 벗어서 머리 위에 올린 채 나가 버렸다."(『금각사』, 3장, 6장)

남천스님은 어째서 조주의 행동을 보고 그것이 고양이를 살릴 수 있는 해결책이라고 생각한 것일까요? 그렇다면 신고 있던 신발을 벗어서 머리 위에 올리고 나간 조주의 행동을 우리는 어떻게 이해할 수 있을까요?

화두에는 본디 답을 주지 않는 것이라고 합니다. 그런데 미시마는 과감하게도 가시와기의 입을 통해 조주의 행동에 대한 해석을 제시합니다. 우선 남천스님이 고양이를 베어버린 것은 마치 객관적인 미와 같은 것이 실재한다는 우리의 헛된 망상과 집착을 제거해 버리는 것입니다. 그리고 남천스님의 그러한 살인도 마치 아픈 충치를 빼내는 방식으로 고통을 제거하는 것입니다. 그런데 조주에 의하면 그러한 남천스님의 살인도는 너무나 근시안적인 해결책에 불과합니다.

> "그러니까 고양이를 벤 것은, 마치 아픈 충치를 빼내서 미를 척결한 것처럼 보이지만, 정말로 그것이 최후의 해결책이었는지는 알 수 없어. 미의 뿌리는 근절되지 않았고, 설령 고양이는 죽었어도, 고양이의 아름다움은 죽지 않았을지도 모르니까. 그러니까 이토록 해결이 안이했던 것을 풍자해서, 조주는 이 머리에 신발을 올려놓았지. 그는 말하자면, 충치의 아픔을 참는 이외에는, 해결책이 없다는 것을 알고 있었던 거야."(『금각사』, 6장)

만일 그 새끼 고양이가 하나의 아름다움의 결정체로서 절간의 스님들의 마음을 송두리째 뒤흔들어 놓은 것이라면, 그 고양이 한 마리를 죽인다고 해서 아름다움의 뿌리가 아예 근절되지는 않기 때문입니다. 그러니까 조주가 머리 위에 신발을 얹고 나간 것은 그러한 망상과 집착과 같은 인간의 영원한 고통의 근원을 마치 친구와 같이 동행하면서도 그러한 망상에는 사로잡히지 않는 해결책인 것입니다. 그러니까 조주의 행동은 "고통의 근원을 견뎌내는" 성숙한 인간의 응답인 것입니다.

그대는 그러면 어느 쪽인가?

우리가 처음에 "아름다움이란 무엇인가?"라는 물음에서 생각의 물꼬를 텄다면, 이제 글을 마무리하면서 한국의 성형 문화, 그것도 미용 성형 문화에 대해 생각해 보는 것은 어떨까요?

원래 성형은 재건성형(reconstructive surgery)과 미용성형(plastic surgery)으로 나뉩니다. 재건성형은 사고나 기타의 이유로 손상되거나 없어진 신체의 중요 부위를 제 모습을 갖추도록 복원하는 것을 말합니다. 그리고 미용성형은 희랍어 'plastikos', '마음대로 모양을 바꿀 수 있다'는 말에서 유래한 것으로 외모를 보다 돋보이도록 하기 위해서 외과적인 수술을 통해 얼굴이나 체형을 변형하는 것을 말합니다. 요즘 한국 사회에서 미용성형은 아름다워지거나 혹은 노화를 늦추기 위한 방편으로 많이 사용되죠. 한국의 미용성형 문화를 두고 사회적으로 만연되어 있는 외모 지상주의를 문제삼을 수 있을 것입니다.

그러나 미용성형 문화에 대해서 철학적 시선으로 접근해 본다고 한다면, 성형 문화는 아름다움의 기준과 같은 것이 객관적으로 실재한다는 사고를 전제합니다. 미를 객관적으로 실재하는 것으로 이해하기 때문에 보편적 미의 기준에 자신을 맞추고자 하는 노력이 생겨나는 것이죠. 그리고 그 객관적 기준은 일차적으로는 동서고금을 막론하고 유지되는 고전적인 조화와 비율이 될 것입니다.

물론 아름다움의 객관적 기준이라는 것은 시대에 따라 변천됩니다. 가령 2012년 한국에서는 신윤복의 「미인도」에 나오는 여인의 모습보다 서구화된 기준을 아름다움의 척도로 삼습니다. 나아가 '젊음'에 대한 사람들의 강박적인 집착 역시도 또 하나의 아름다움의 기준이 된 지 오래입니다. 이와 같이 아름다움의 기준은 시대마다 변화하지만, 그러한 변화 속에서도 변화하지 않는 것은 사회적으로 용인되는 객관적인 아름다움이 있다는 것입니다. 그리고 그러한 기준에 맞추기 위해서 많은 미용성형이 행해지고 있죠. 인간이 사회적 존재인 한에서, 인간의 자기 이해에는 사회적 인정이 본질적 부분을 차지합니다. 그리고 개인은 사회적 인정을 얻기 위해 노력하게 되죠.

그런데 문제가 되는 것은 아름다움에 대한 사회적이고 객관적인 기준은 획일적인 성격을 띠게 되고, 매스컴과 같은 매체를 통해서 지속적으로 재생산된다는 것이죠. 결정적으로는 사회적 기준이 갖는 개인에 대한 지배력이 커질수록 그러한 사회적 미적 기준에 맞추기 위한 개인의 노력은 일종의 사회적 병증으로 확대된다는 점입니다. 그러나 불행하게도 객관적 미의 기준에 부합하고자 하는 개인의 노력은 결코 충족될 수 없습니다. 그것은 그야말로 하나의 모형으로나 존재하는 우리의 내면 속에서의 이상향과 같기 때문입니다

플라톤이 말한 것처럼 아름다움이라는 것은 객관적으로 실재하고 우리가 사는 현실 세계에서는 그러한 아름다움의 완전한 실현은 불가능합니다. 그러나 니체의 말대로 그러한 객관적인 아름다움이라는 기준에 우리를 맞추고자 하는 것은 우리의 삶을 한낱 노예의 삶으로 전락시키는 것과 같습니다. 마지막으로 남천참묘에 등장하는 조주의 행동에 대해서 더 생각해 봅시다. 아름다움과 같은 것이 있다는 것은 인간의 망상과 환영의 결과일 수 있습니다. 하지만 그러한 망상과 환영은 한편으로는 인간만이 갖고 있는 "힘든 삶을 견디기 위한 무기"일 수도 있죠.

알려진 바에 의하면 동물은 친밀하게 지냈던 다른 개체가 죽었을 때 그 사실을 인지하고 슬퍼합니다. 그러니까 동물 역시도 살아 있는 것과 죽어 있는 것 간의 차이를 인지한다고 볼 수 있습니다. 하지만 인간의 죽음에 대한 인식은 이와 같이 친밀한 개체의 죽음 때문에 아파하는 것을 넘어섭니다. 인간은 나아가 존재하는 모든 것들이 결국에 덧없이 사라지고 죽고 만다는 사실 때문에 고통스러워합니다. 그렇기 때문에 인간만이 살아 있다는 사실 자체를 견

조주의 행동은
"고통의 근원을 견뎌내는"
성숙한 인간의
응답인 것입니다.

디기 힘든 고통으로 경험할 수도 있는 것입니다. 그런데 조주의 행동에서 우리가 읽을 수 있는 것은 "객관적인 아름다움과 같은 것이 있다."는 인간의 환영이나 망상은 모든 것이 헛되다고 하는 인식에서 오는 고통을 견뎌내는 기술이자 무기가 될 수 있다는 것입니다. 그러니까 인간은 비록 그와 같은 믿음이 망상과 환영이라 하더라도 그것을 일거에 제거해 버리고자 하는 것이 아니라 그러한

망상을 망상으로서 직시하면서도 친구 삼아 삶을 살아갈 수 있는
것이죠.

　여러분은 어느 쪽입니까? 플라톤입니까? 니체입니까? 남천스
님입니까, 아니면 조주입니까?

소유할 것인가? 존재할 것인가?

『난장이가 쏘아올린 작은 공』
조세희
(이성과힘, 2000)

조세희의 『난장이가 쏘아올린 작은 공』과 자본주의적 삶의 방식

이순웅

어떻게 살 것인가?

꿈을 가지라, 큰 꿈을 가지라고 말하는 사람들은 많습니다. 아마도 여러분들의 부모님들이나 선생님들께서는 적어도 한두 번쯤은 그런 말씀을 하셨을 겁니다. 그렇지만 그분들이 말하는 꿈이란 대개 무엇이었나요? "애야, 꿈을 크게 가져라!"라고 말할 때, 사실은 꿈에 대한 일반적이고도 암묵적인 합의가 있는 셈입니다. 그것은 대개 특정 분야에서 높은 지위에 오르거나 돈을 많이 벌어서 부자가 되는 것 등이 아니었나요? 다시 말하면 그것은 소유를 둘러싼 투쟁에서 승리하라는 것이죠. 많은 재산과 권력, 어쩌면 이것들은 오늘날을 살아가고 있는 사람들의 일반적인 삶의 목표일지도 모릅니다.

그렇지만 그런 삶은 철학적으로 볼 때 무슨 교훈이 있을까요? 여러분이 목표로 하는 재산과 권력은 어느 정도인가요? 그 목표에 도달했다고 칩시다. 그렇지만 존재감을 확보하기는 어려울 것입니다. 그것은 자본주의적 삶의 방식 때문입니다. 자기가 자기의 존재를 열심히 인정하면 자기 존재가 확보되나요? 인간은 혼자 사는 존재가 아니죠. 타인으로부터 인정받지 못하는 존재는 이미 존재가 아닙니다. 물론 자기가 자기를 인정하는 것은 중요합니다. 타인을 소중한 존재로 볼 수 있는 출발점은 바로 자기 자신에게 있지요. 이 세상에는 자신을 가장 소중히 여기는 약 70억 명의 인간이 있는 셈입니다. 이 세상에서 자기보다 소중한 존재가 있나요? 그렇지만 타인으로부터 인정받지도 못하면서 자기를 인정하고 자기를 가장 소중히 여기는 것은 매우 어리석은 삶의 태도입니다. 그에게는 진정한 행복이 없습니다.

"자네, 일 참 잘한다!"고 사장님께 칭찬을 들었다면 진정으로 내가 인정받은 걸까요? 자본주의 사회에서 그 말은 무슨 의미일까요? 여러분이나 저나 열심히 노력하면 어느 정도의 재산을 모을 수 있고 어느 정도의 권력도 가질 수 있을 겁니다. 그러나 여러분이나 저나 진짜 부자는 될 수 없고 진짜 권력은 가질 수 없습니다. 바로 이것이 우리를 둘러싼 자본주의라는 현실이고, 꿈을 갖기 전에 우리가 절망해야 할 지점입니다.

다시 말하면 아무리 노력해도 최고가 될 수 없다는 것, 최고라고 여긴 것 뒤에는 또 무엇인가가 있다는 것을 깨닫는 것, 바로 우리들이 절망해야 할 지점입니다. 그러나 그 절망의 지점은 새로운 세계를 꿈꿀 수 있는 동력, 계기가 될 수도 있습니다. 절망하지 않는 사람만큼 어리석은 사람은 없습니다. 절망하는 것은 나쁜 것이 아닙니다. 그렇기 때문에 허무주의자가 될 필요도 없습니다. 다만 허무하다는 것을 깨닫는 데서부터 여러분의 희망을 찾기를 바랄 뿐입니다.

주위를 돌아봅시다. 자기 또는 자기 주변만 보는 자, 가족만 아는 가족 이기주의자가 있는 반면에 세계 지도를 놓고 세상을 보는 자도 있습니다. 저 역시 여러분에게 큰 꿈을 꾸라고 말하고 싶습니다. 그러나 그것은 (그렇게 될 리도 없겠지만) 세상을 지배할 수 있는 권력자가 되라는 것이 아니라 세상을 넓게 보고 올바른 가치관을 가지라는 것입니다. 다른 사람의 삶을 피폐화시키면서 부자가 되려 하고 권력을 가지려고 하는 자는 자기만 아는 이기주의자, 가족 이기주의자이기도 합니다.

왜 가족 이기주의자일까요? 가족은 개인의 확장이기도 하지요. 물론 가족은 소중합니다. 그러나 나의 가족만 알고 다른 가족의 안위에는 관심이 없는 사람은 자기만 아는 이기주의자에 불과하지요. 그리고 내가 직접 다른 사람의 삶을 파괴하지 않더라도 다른 사람의 삶이 파괴되는 것을 보면서도 침묵하는 것은 그 삶을 파괴시키는 자와 공범 관계에 있는 겁니다. 이때에 '침묵은 금'이 아니죠. 파괴에 동조하는 겁니다. 인간은 혼자 사는 존재가 아니잖아요.

'인간은 사회적 존재'라는 말은 많이 들어보았죠? 삶이 파괴된 자가 '침묵하는 나'를 진정으로 인정할까요? 유대인 학살은 히틀러 등의 나치당이나 독일 사람들만의 문제가 아닙니다. 서구 사회 전체가 침묵으로 동조했습니다. 그들의 탈출을 도와주지도 않았죠. 그런 점에서 그들은 유대인 학살의 공범자입니다. 「쉰들러 리스트」는 특이한 경우입니다.

세상을 넓게 보라는 것은 나의 일, 나의 관심이 전 세계에서 벌어지는 일과 무관하지 않다는 것을 깨달으라는 것이고, 올바른 가치관을 가지라는 것은 무엇이 옳고 그른지, 좋고 나쁜 것은 무엇인지, 정의롭고 부정의한 것은 무엇인지 가릴 줄 알되, 옳고 좋고 정의로운 것을 선택하라는 것입니다.

그렇다면 자기가 속해 있는 세상을 이해할 수 있는 눈이 있어야합니다. 내가 속한 사회, 국가, 세계에 관해 끊임없이 관심을 가지고 있어야 합니다. 물론 세상의 모든 것을 속속들이 알 수는 없습니다. 하지만 커다란 흐름은 읽어야 합니다.

지금 여러분들이 속해 있는 사회, 국가는 자본주의라는 사회 원리를 따르고 있습니다. 자본주의는 끊임없이 소유를 부추깁니다. 자본주의적 소유의 터널에서 벗어나 가치를 실현할 수 있는 삶을 선택할 것인가, 아니면 (대부분의 경우는 제대로 소유하지도 못하겠지만) 소유의 노예가 되어 남을 지배하고 억압하고 착취하거나 아니면 그러한 상황을 목격하면서도 무감각하게, 둔감하게 살아갈 것인가. 후자의 삶은 자신을 향해 손가락질하는 사람들이 있다는 것을 모르거나 외면하는 죽은 삶, 존재할 수 없는 삶입니다.

어떻게 살든 일단은 여러분의 자유죠. 그런데 여러분은 지금 자신이 자유롭다고 생각합니까? 그렇다면 그것은 자신이 노예라는 것을 모르는 겁니다. 나를 둘러싸고 있는 거대한 구조, 잘 보이지 않는 구조를 살펴봅시다. 자유는 자신이 노예라는 것을 깨달을 때부터 찾아오기 시작합니다.

철학 시간에 『난장이가 쏘아올린 작은 공』 읽기

1 작가의 문제의식

이성과 힘 출판사에서 2000년 7월에 나온 『난장이가 쏘아올린 작은 공』(이하 '난쏘공')은 작가 조세희 선생이 1975년부터 1978년까지 《문학사상》, 《세대》, 《문학과지성》, 《뿌리깊은나무》, 《한국문학》, 《대학신문》, 《문예중앙》, 《창작과 비평》 등에 연재한 단편소설들을 묶은 책입니다. 1978년 6월부터 2000년 3월까지는 문학과지성사에서 책으로 묶어 발행하였습니다. 이 책은 2011년 12월 현재 138쇄가 발행된 스테디셀러(steady seller)입니다. 개인적으로 저는 베스트셀러보다 스테디셀러를 좋아합니다. 간혹 광고의 영향 때문에 베스트셀러가 되는 경우가 있거든요. 막상 읽어보면 별 거 없는 경우가 있지요.

독자들로부터 오랫동안 꾸준히 사랑을 받는 데에는 그만한 이유가 있는 겁니다. 조세희 선생이 당시에 본 세상과 현재는 외양만 바뀌었을 뿐 크게 다르지 않습니다. 이것이 이 책이 여전히 '살아 있는' 이유일 것입니다. 작가의 말에서도 그는 다음과 같이 말합니다.

> "지난 일을 이야기하며 나는 아직도 마음이 무겁기만 하다. 혁명이 필요할 때 우리는 혁명을 겪지 못했다. 그래서 우리는 자라지 못하고 있다. 제삼 세계의 많은 나라들이 경험한 그대로, 우리 땅에서도 혁명은 구체제의 작은 후퇴, 그리고 조그마한 개선들에 의해 저지되었다. 우리는 그것의 목격자이다."

조세희 선생은 1965년에 경향신문 신춘문예를 통해서 등단했습니다. 그러나 10년 동안 일체의 작품 활동을 하지 않았습니다. 그런데 『난쏘공』은 어떻게 해서 탄생하게 되었을까요? 작가의 말을 더 볼까요? 그에 따르면 1970년대는 파괴와 거짓 희망, 모멸, 폭압의 시대였습니다. 그런데 작가와 같은 세대들은 어느 사이에 서른을 넘기고 '힘없이' 무너지는 평범한 직장인이 되어 있었습니다. 따지고 보면 독재 기관의 감시를 받고, 체포되어 고문을 받고, 억지 재판 과정을 거쳐 감옥에 갇히는 사람은 구성원 전체를 두고 볼 때 말할 수 없이 적은 소수에 지나지 않았던 시대, 강압 통치자들이 무슨 짓을 하든 가만히만 있으면 자신과 가족에게 아무 일도 일어나지 않았던 시대, '악'이 내놓고 '선'을 가장하고 악이 자선이 되고 희망이 되고 진실이 되고 또 정의가 되었던 시대, 작가는 선택의 중요성을 느끼기 시작합니다.

"어느 날 나는 경제적 핍박자들이 몰려 사는 재개발 지역 동네에 가 철거반 — 집이 헐리면 당장 거리에 나앉아야 되는 세입자 가족들과 내가 그 집에서의 마지막 식사를 하고 있는데, 그들은 철퇴로 대문과 시멘트 담을 처부수며 들어왔다 — 과 싸우고 돌아오다 작은 노트 한 권을 사 주머니에 넣었다. '난장이 연작'은 그 노트에 씌어지기 시작했다."

그는 다음과 같이 고백합니다.

"나는 지금도 박정희 · 김종필 등 이 땅 쿠데타의 문을 활짝 연 내란 제일세대 군인들이 무력으로 집권해 피 말리는 억압 독재를 계속하지 않았다면 『난장이가 쏘아올린 작은 공』은 태어나지 않았을 것이라고 생각하고 있다."

이 책은 실제 경험을 바탕으로 해서 쓴 것이기 때문에 사실에 관한 보고서이기도 합니다. 그러나 단순한 보고서는 아니죠. 지은이 나름대로의 세상에 대한 해석이 있을 뿐만 아니라 대부분의 사람들이 침묵으로 일관할 때, 하고 싶은 말, 해야 할 말은 꼭 해야겠다는 용기 있는 결단이 들어가 있기도 합니다.

"인간의 기본권이 말살된 '칼'의 시간에 작은 '펜'으로 작은 노트에 글을 써나가며. 이 작품들이 하나하나 작은 덩어리에 불과하지만 무슨 일이 있어도 '파괴를 견디고' 따뜻한 사랑과 고통 받는 피의 이야기로 살아 독자들에게 전달되지 않으면 안 된다는 생각을 나는 했었다."

2 선택하는 삶

여러분, 세상을 살다 보면 선택, 결단을 내려야 할 때가 있습니다. 따지고 보면 인생이란 선택의 연속이기도 하지요. 그런 점에서 보면 사르트르가 "인간은 자유롭도록 저주받았다."라고 한 말이 이해가 갑니다. 여기서 자유롭다는 것은 선택으로부터 자유롭지 않다는 것입니다. 다시 말하면 선택하지 않을 수 없다는 겁니다. 선택을 하지 않을 수도 있다고요? 그것도 선택입니다. 선택을 하지 않는 선택이지요. 결국 우리는 선택으로부터 벗어날 수 없습니다. 그렇다면 어떤 선택을 하는 것이 바람직할까요? 인간을 사랑하는 선택, 나아가 인류를 사랑할 수 있는 선택을 해야 하지 않을까요. 자신만을 사랑하는 선택 말고요.

사르트르는 실제로 그렇게 살았습니다. 사르트르는 프랑스 사람이면서도 식민지 알제리 편을 들었거든요. 일제 강점기에 일본 사람이 조선 편을 든 것과 비슷하겠지요. 노벨 문학상을 받았던 카뮈는 프랑스 편을 들었습니다. 사르트르는 노벨 문학상을 거부한 것으로도 유명하지요. 카뮈는 애국자일지도 모릅니다. 그렇지만 애국자가 된다는 건 때때로 국수주의자가 된다는 것을 의미하기도 합니다. 그렇기 때문에 민족주의는 소중한 이념이기도 하지만 한편으로는 경계해야 할 대상이 되는 이중적인 의미를 갖습니다.

잠시 우리 현대사의 한 페이지를 살펴볼까요. 여러분은 '빨치산'이라고 들어봤습니까? 어떤 사람들은 이게 순 우리말인 줄 알더군요. "빨, 빨갱이들이 치산, 산에서 정치를 한다."고 하면 제법 그럴 듯해 보이기도 합니다. 하지만 이 말은 프랑스어 파르티잔 (partisan)입니다. 독일이 프랑스를 점령했었죠. 물론 프랑스에는 괴뢰 정부가 세워졌고요. 괴뢰(傀儡)라는 말도 잘못 알고 있는 경우가 많습니다. '괴물' 같은 걸로 말입니다. 하지만 이 말은 꼭두각시라는 뜻이지요. 어쨌든 빨치산은 독일의 나치에 저항해서 싸운 전사들을 의미합니다. 참고로 게릴라(guerilla)는 스페인어입니다. 나폴레옹 군이 스페인을 침략했을 때 그들과 싸운 전사들입니다.

우리나라에도 빨치산 투쟁 시기가 있었습니다. 1948년 남한만의 단독 정부 구성을 막으려 했던 시기와 한국전쟁 전후 등이 가장 치열했던 시기일 것입니다. 주요 무대는 지리산인데요, 관련 소설 등을 보면 산골짜기에 살고 있는 촌부의 갈등이 나옵니다. 낮에는 토벌군이 협조하라 하고 밤에는 빨치산이 협조하라고 합니다. 본인은 그냥 밭이나 일구면서 농사 지어먹고 살고 싶은데 세상이 자신을 내버려 두지 않는 것이지요. 결국 그는 선택을 합니다. 토벌

군 편을 들든지 빨치산 편을 들든지 하나를 선택하지요. 나중에 후회할 수도 있고 잘했다고 생각할 수도 있는데요, 어쨌든 그것은 전적으로 그의 몫이고 그의 책임입니다.

지리산 촌부 이야기는 특별한 시기에 특별한 사람이 처한 상황일 수 있습니다. 부디 여러분에게는 목숨이 왔다갔다할 수 있는 곤란한 선택의 시간이 오지 않기를 바랍니다. 하지만 삶은 모르는 거죠. 그런 시간이 오지 않는다고는 누구도 장담할 수 없습니다. 한편, 지리산 촌부의 삶은 오늘날의 우리들 삶과 무관하지 않습니다. 그의 삶은 우리 역사의 한 장면이었고 그의 삶을 어떻게 평가하느냐에 따라 우리가 처한 오늘에 대한 해석이 달라집니다. 또 그 해석은 우리의 미래를 결정할 것입니다.

살다 보면 언제 어느 때 역사의 소용돌이 속으로 들어가게 될지 모릅니다. 4·19 때는 초등학생들도 시위에 참여했다는 걸 아시나요? 오늘날의 학생은 적어도 고등학생 때까지는 공부 기계가 될 것을 강요받습니다. 사실 대학도 분위기가 크게 다르진 않습니다. 대학 역시 취업을 준비하고 스펙을 쌓는 곳으로 바뀐 지 꽤 되었습니다. 오늘날의 젊은이들은 사회에는 적응하고 정치에는 관심을 갖지 말 것을 강요받으면서 살고 있습니다. '88만원 세대'라는 말은 들어보았나요? 대학을 졸업해도 상당수의 젊은이들은 실업자가 되거나 비정규직이 됩니다. 젊은 여러분들에게 내가 너무 절망만을 안겨주고 있나요?

여러분은 지금까지도 늘 선택을 하면서 살아왔습니다. 앞으로도 많은 선택을 할 것입니다. 작은 선택에서부터 일생을 좌우할 수 있는 큰 선택에 이르기까지 무수한 선택이 여러분을 기다리고 있습니다. 작은 선택이 모여 큰 선택을 이룰 수도 있고 큰 선택 때문에 작은 선택이 무위로 돌아갈 수도 있습니다. 물론 큰 선택이 여러분을 더 크게 만들 수도 있습니다. 어쨌든 사르트르의 말처럼 어차피 선택으로부터 벗어날 수 없다면 미리 미리 선택에 대비해 두어야 하지 않을까요? 만일 어떤 선택이 잘못된 선택이어서 나중에 후회하게 된다면 결국은 인생을 낭비한 셈이 되잖아요. 여러분은 저에 비해 시간이 많이 남아 있기 때문에 다소 여유롭게 생각할지도 모르겠습니다. 하지만 시간을 되돌릴 수 없다는 사실만큼은 명심해야 합니다.

3 후회 없는 선택의 조건

후회 없는 선택이 되도록 늘 준비해 둡시다. 그러기 위해서는 세상을 넓게 보아야 합니다. 여러분의 시야를 전 세계로 돌리십시오. 허황된 꿈을 꾸라는 게 아닙니다. 어차피 누군가는 세계 지도를 펼쳐놓고 각 나라의 운명을 좌지우지하고 있습니다. 그게 누군지는 뒤에서 말할게요. 세계 곳곳에서 벌어지는 일들은 여러분 자신과 무관하지 않습니다. 세상의 일들은 각각 독립적으로 단절되어 있는 게 아닙니다. 눈에 띄게 또는 눈에 띄지 않게 서로 연관되어 있습니다. 이라크나 아프가니스탄에 파병된 군인은 여러분의 삼촌일 수도 있고 형, 오빠일 수도 있습니다. 이미 우리는 베트남 전쟁에 우리의 삼촌이나 큰형님들을 보낸 적이 있습니다. 얼마 전에는 이스라엘이 이란을 공격할 수도 있다는 말이 나왔습니다. 그러자 석유 값이 올라갑니다. 유류 값 상승은 물가 상승으로 이어지고 물가 상승은 우리 식탁의 반찬 종류와 숫자를 결정합니다.

후회 없는 선택을 하려면 세상을 넓게 보고 세상의 일을 서로 연관시켜 보려고 노력하되, 한편에서는 의심의 끈도 놓지 말아야 합니다.

소말리아 해적 얘기 들어봤죠? 해적을 퇴치했다죠? 여러분, 진짜 해적이 누군지 아세요? 소말리아는 오랜 내전으로 정부를 구성하지 못하고 있습니다. 물론 내전도 순전히 그들만의 문제 때문에 일어난 것은 아니지요. 제국주의 국가들의 식민지 정책의 결과와도 무관하지 않습니다. 우리나라의 분단과 남북 대립도 순전히 우리 민족 내부만의 문제 때문에 발생한 것은 아니잖아요.

소말리아는 정부를 자칭하는 세력이 많습니다. 그들 중 일부에게 약간의 돈을 쥐어주면서 쓰레기를 그곳 바다에 버리는 나라도 있고 어선을 보내 고기를 잡는 나라도 많지요. 여러분은 소말리아 관할 해역이 어디까지인지, 다른 나라 어선이 그 해역을 침범했는지 침범하지 않았는지에 관한 말을 들어본 적이 있나요? 우리나라, 일본, 중국, 필리핀 등도 바다의 경계를 두고 서로 갈등하고 있잖아요. 그런데 정부다운 정부가 없는 소말리아는 자신들의 바다를 지킬 능력이 없습니다. 한마디로 말해서 소말리아 해역은 무주공산이지요. 엄연히 정부가 있고 경찰, 군인이 있는 우리나라도 중국 어선의 불법 어로 활동 때문에 골치를 앓고 있다는데, 소말리아 바다는 어떻겠습니까?

해적이라뇨? 평화롭게 고기 잡는 외국 어선에 총부리를 들이대고 쳐들어와서는 "돈 내놔!" 이렇게 말한다고요? 만화 영화 찍습니까? 그들이 내세우는 명분은 자신들의 해역에 침범하여 불법 어로 활동을 했으니 벌금을 내라는 겁니다. 해적이 탄 배와 해적의 모습을 기억하나요? 초라하기 짝이 없습니다. 받아낸 돈이 벌금이든 몸값이든 그 돈을 거머쥐는 자들은 또 따로 있습니다. 그들은 바다에 가지도 않습니다. 오랜 내전으로 경제는 피폐해지고 먹고 살기는 막막하니 비교적 큰돈을 쥘 수 있는 바다로 총 들고 목숨 걸고 나가는 겁니다. 그들이 우리가 아는 해적이지요.

우리 식탁에 좀 더 값싸고 질 좋은 생선이 올라오려면 우리나라 어선의 어획량이 많아야겠지요. 아마도 우리가 먹는 생선의 일부는 소말리아 해역에서 잡은 걸지도 모릅니다. 누가 해적이지요?

일단 정리할까요? 다시 한 번 강조하죠. 우선 세상을 넓게 보되 각각의 굵직굵직한 일들을 나 자신, 내 주변, 내가 속해 있는 사회 등과 연관시켜 보기 바랍니다. 그리고 언론 매체에서 흘려주는 정보를 맹목적으로 믿으려고만 해서는 안 됩니다. 그 정보 뒤에는 누군가의 경제적 이익, 정치적 계산이 숨어 있을 수 있습니다. 의심하십시오. 철학의 눈이 열릴 겁니다. 이 의심은 의심을 위한 의심이 아니라 진실에 다가가는 과정에 있는 의심입니다. 의심하지 않으면 진실을 볼 수 없습니다.

후회 없는 선택이 되도록
늘 준비해 둡시다.
그러기 위해서는
세상을 넓게 보아야 합니다.
여러분의 시야를
전 세계로 돌리십시오.

자본주의적 삶에 관한 몇 가지 주제

『난쏘공』은 여러 단편을 모은 소설집이지만 크게 보면 주택 문제와 노동 현장 문제를 다루고 있다고 할 수 있습니다. 돈 몇 푼 받고 삶터를 옮겨야 하는 철거민들의 이야기와 그들의 자녀가 취직한 공장의 이야기가 주요 소재입니다. 삶터를 떠나는 자와 떠날 수 없는 자들, 그들이 처한 상황을 이용해 돈을 벌려는 투기꾼들, 떠날 곳이 없어 떠날 수 없는 자들을 떠나게 하려는 자들과 그들의 하수인들의 모습 등이 그려집니다. 물론 그 터에 살던 자들의 자녀들은 대부분 공장에 취직하기 때문에 주택 문제와 노동 현장 문제는 자연스럽게 연결되기도 하지요.

오늘날에도 철거민 문제는 여전히 있습니다. 2009년 1월에는 용산에서 철거민 5명과 경찰 1명이 사망하는 참사까지 있었지요. 노동 현장 역시 비정규직을 대량으로 양산해 내면서 노사 갈등뿐만 아니라 노노 갈등까지 낳고 있습니다. 『난쏘공』은 1970년대 중후

반경에 쓴 소설이지만 이 시대를 살고 있는 우리에게 세상을 어떻게 보고 어떻게 살아야 하는지에 관해 여전히 생생한 언어로 말하고 있다고 할 수 있습니다.

1 화해할 수 없는 계급 대립

이 소설에서는 파업, 살인 등의 장면이 그려지는데, 이것은 화해할 수 없는 계급 대립을 보여준다고 할 수 있습니다. 파업은 왜 일어날까요? 처음엔 대화로 풀려고 하지만 대화로 해결할 수 없는 지점이 있기 때문이겠지요. 누가 폭력을 좋아하겠습니까? 대화로 해결할 수 있으면 좋지요. 그게 안 되는 상황이 있는 겁니다.

난장이의 큰아들 영수는 자본가인 사장의 동생을 살해하고 사형을 당합니다. 사장인 줄 알고 죽인 것입니다만, 어쨌든 영수는 지극히 정상적인 정신 상태를 가진 사람이었고 우발적으로 죽인 것도 아닙니다. 살해 이유에 관해 영수는 "그분은, 인간을 생각하지 않았습니다."라고 말합니다.

어쩌다가 이런 지경까지 되었을까요. 소설에 등장하는 한지섭이라는 인물은 작가 조세희를 의미한다고 해도 될 것입니다. 철거민을 돕는 운동을 했던 지섭은 법정에 나와 영수를 변호합니다. 지섭을 작가 조세희로 본다면 작가의 생각에 일정 부분 변화가 있었다는 점을 얘기해야 할 것 같군요. '자본가 살해'는 작가가 생각을 바꾼 것과 연관시켜서 봐야 좀 더 이해가 잘 됩니다. 물론 여기서 생각은 글 표현으로 나타날 수밖에 없는 것이고요.

언제 표현이 바뀌었는지는 좀 더 알아봐야 하는데요, 「내 그물로 오는 가시고기」의 표현이 일부 바뀝니다. 소설은 사장 아들의 입을 빌려 지섭에 관해 말하고 있는데, 처음에는 표현이 다음과 같았습니다.

①"지섭은 …… 그것은 노동자와 사용자는 다 같은 하나의 생산자이지 이해를 달리하는 두 등급의 집단은 아니라는 것이었다고 설명했다."

나중에는 이 표현이 다음과 같이 바뀝니다.

②"저희끼리 모여서는 자본주의의 달콤한 이익이 도덕적으로 가장 타락한 자들, 자기 자신의 탐욕을 위해 다른 사람들의 행복을 가차 없이 짓밟고 한순간도 고민하지 않을 동물 닮은 자본주의와 그 공범자들에게만 돌아간다며 분명히 분노했을 텐데, 법정에서 쓰는 지섭의 말들은 모나지 않고 부드러웠다. 하루하루 열심히 혁명을 준비하며, 그러나 오늘도 오지 않은 그 혁명을 지치지도 않고 기다리는 자들과 나는 거리를 두고 앉아 조용히 들었다."

이 부분에서는 지섭뿐만 아니라 '나'(사장의 아들)도 작가의 생각을 대변한다고 할 수 있겠습니다. 어쨌든 처음에는 사용자와 노동자를 '다 같은 하나의 생산자'로 보았지만 나중에는 매우 적대적인 관계로 그려내고 있으며 혁명까지 말하고 있습니다.

표현이 바뀐 것은 이것뿐만이 아닙니다. 처음에는 '근로자'라고 했지만 나중에는 '노동자'라고 합니다. 이렇게 바뀐 표현은 곳곳에서 발견됩니다. 이는 작가나 출판사가 국가 권력을 어느 정도 의식했다는 것을 의미합니다. 예전에는 노동자라는 말을 사실상 쓰지 못하게 했죠. 노동절을 근로자의 날이라고 한 것은 1963년입니다. 소설에는 노동자 대신 공원(工員)이라는 표현도 많이 등장합니다. 이상하죠? 노동이라는 말이 그렇게 부정적인 어감을 불러일으키는 것 같지는 않은데 말입니다. 나만 그런가요? 노동은 '소중한 것'입니다. 마르크스에 따르면 인간은 노동을 했기 때문에 비로소 인간이 될 수 있었습니다. 노동은 자연 속에 존재하지 않는 것을 만들어서 욕망을 채울 수 있도록 했다는 점에서 인간 역사 발전의 원동력이기도 합니다.

한편 표현 ①은 권력의 눈치를 본 것이거나 작가 자신의 생각일 것입니다. 물론 둘 다일 수도 있고요. 표현 ①이 표현 ②로 바뀐 것은 권력의 눈치를 보지 않아도 되는 시기가 온 것이거나 작가의 생각이 변한 것일 테지요. 물론 둘 다일 수도 있습니다. 어떤 것이든 간에 작가의 생각은 변한 것 같습니다. 표현 ①을 다시 볼까요? 노동자와 사용자는 다 같은 하나의 생산자이지 이해를 달리하는 두 등급의 집단은 아니라고 합니다. 그렇다면 양자는 적대 관계에 있는 것이 아니라 일종의 동반자 관계에 있는 셈이 됩니다. 표현 ②에서는 양자를 화해하기 어려운 적대적 관계로 그립니다. 혁명적 시기가 온다는 것을 확신하지는 않지만 혁명을 꿈꾸면서 말입니다.

2 출구 없는 암울한 현실

아마도 '자본가 살해'는 표현 ②와 연장선상에 있을 것입니다. 하지만 잘 생각해 봅시다. '살해'가 대안이 될 수는 없죠. 그렇다고 뭐가 달라지나요? 더욱이 혁명은 그런 식의 살인도 아니죠. 살인은 일종의 극단적인 선택이지만 마땅한 출구를 찾지 못하고 있는 작가의 관점이기도 합니다. 혁명이요? 혁명을 꿈꿀 수는 있지만 그것이 현실적으로 가능한가 하는 것은 또 다른 문제겠지요. '자본가 살해'는 괜찮은 세상을 꿈꾸는 자들이 처해 있는 암울한 현실을 반영합니다. 출구가 없는 암울한 현실 말입니다. 화해하기 어려운 적대 관계에 있는 것은 맞는데, 이 적대적 모순을 해소하기에는 넘어야 할 장벽이 너무 두껍고 높습니다. 새로운 세계로 가는 출구는 막혀 있는 것으로 보입니다. 그렇지만 이러한 현실을 외면할 수도 없습니다.

철학에는 아포리아(aporia)라는 것이 있습니다. '해답을 알 수 없는 문제'라는 뜻입니다만 해답을 알 수 없다고 해서 버릴 수도 없고 버려서도 안 되는 문제입니다. 문제 해결의 열쇠는 아포리아를 버리지 않을 때 얻을 수 있겠지요. 만일 아포리아를 버린다면 출구 없는 암울한 현실에 머물러 있을 수밖에 없을 것입니다. 나아가서는 자기가 처한 현실이 암울한 현실이라는 것도 모른 채 살아갈 수밖에 없을 것입니다. 이것은 여러분들이 원하는 삶이 아니겠지요? 아마도 이런 식의 삶만큼 어리석은 삶도 없을 것입니다.

출구 없는 암울한 현실을 직시한 작가가 선택한 또 하나의 길은 우주여행입니다. 초월적인 어떤 것에 기대는 것이겠지요. 지섭은 대기권 밖에서의 천체 관측에 관해 이야기하면서 달에 세워질 천문대에서 일할 사람은 행복할 것이라고 말합니다.

117cm 키에 32kg의 몸무게를 가진 난장이는 둘째 아들 영호에게 말합니다.

> "그래서 달에 가 천문대 일을 보기로 했다. 내가 할 일은 망원 렌즈를 지키는 일야. 달에는 먼지가 없기 때문에 렌즈 소제 같은 것도 필요가 없지. 그래도 렌즈를 지켜야 할 사람은 필요하다."
>
> "그런데 누가 아버지를 달에 모시고 가겠대요?"
>
> "지섭이 미국 휴스턴에 있는 존슨 우주 센터에 편지를 냈다. 그곳 관리인 로스 씨가 답장을 보내올 거야. 후년에 우주 계획 전문가들과 함께 달에 가게 될 거다."

갑자기 웬 황당무계한 이야기일까요? 「에필로그」에서는 수학 담당 교사 이야기가 나옵니다. 그는 학생들이 아직 모르는 작은 혹성으로 우주여행을 떠나기로 했다고 말합니다. 우주인을 만났다고도 하지요. 전에도 지섭은 자신이 과외 공부를 시키는 부잣집 아들 윤호에게 우주인을 만났다고 말한 적이 있습니다. 수학 교사가 말하는 혹성은 꽤 괜찮아 보입니다. 그곳 혹성인들은 식물처럼 무기물에서 유기물을 합성하는 능력을 가지고 있다고 하네요. 그리고 마지막 한 마디. "지구에 살든, 혹성에 살든, 우리의 정신은 언제나 자유"라고 말합니다.

작가가 초월적이거나 환상적인 우주 얘기를 하는 것은 직접적 투쟁을 통해 모순을 극복하는 과정을 보여주기에는 당시의 상황이 너무 암울했기 때문일지도 모릅니다. 작가 본인은 물론이고 작가의 소설을 싣는 대중매체가 부담해야 할 짐이 너무 큰 거죠. 어떤 탄압이 있을지 모릅니다. 탄압이 늘 노골적으로 진행되는 것은 아닙니다. "너 회사 그만 둬!"라고 말하는 사업주는 별로 없습니다. 알아서 그만두도록 분위기를 만들죠. 1980년대 초반에는 경찰이 학교에 상주했습니다. 시위 때는 예외이지만 일반적으로는 노골적으로 학생을 잡아가고 그러진 않았죠. 사복을 입고 있기 때문에 잘 보이지도 않습니다. 경찰 끄나풀 역할을 한 사람들은 학생처 직원들이었습니다. 학생을 보호해야 할 사람들이 문제 학생에 관한 정보를 경찰에게 넘겨주고 감시도 대신했죠. 이러한 상황은 공공연한 비밀이었습니다.

수학 교사가 말하는 '정신의 자유'란 무슨 의미일까요? 어떠한 탄압, 어떠한 장벽도 사람이 생각을 한다는 것은 막을 수 없다는 것 아닐까요. 그렇다면 무슨 생각을 하면서 사느냐가 중요하겠죠. 철학을 공부하는 사람이 의무감을 지녀야 하는 지점이기도 합니다. 빵은 주지 못하더라도 진정한 자유가 어디에 있는지는 가르쳐 주려고 해야 할 겁니다.

3 환상 ─ 암울한 현실 넘어서기?

이 소설에서는 대체로 우주가 그리 나쁘지 않은 곳으로 그려집니다. 수학 담당 교사가 말하는 뫼비우스의 입체에 관한 이야기는 우주에 관한 이야기이기도 한데요, 내부와 외부를 경계 지을 수 없는 입체인 뫼비우스 입체는 우주가 무한하고 끝이 없어서 내부와 외부를 구분할 수 없는 것과 같습니다. 간단한 뫼비우스의 띠에는 많은 진리가 숨어 있다고 말하지요.

지구에 사는 우리들은 여러 가지 경계, 구별들 속에서 살고 있습니다. 우리는 안과 밖, 중심과 주변과 같은 동심원형 구별뿐만 아니라 위와 아래와 같은 피라미드형 구별 속에서 살아가고 있습니다. 서로를 주체로 인정하는 대화 상황에 있는 것처럼 보이지만 사실은 명령과 복종만이 존재하는 세계에 살고 있기도 하고, 중심에 들어가지 못하면 주변인 취급을 받기도 하지요. 때때로 중심에 들어가는 것은 어떠한 노력으로도 불가능하다는 절망감에 빠질 수도 있습니다. 그럴 때 우리는 어떻게 해야 할까요? 중심에 있는 자, 상부에 있는 자에게 관용(tolerance)을 호소하면 될까요? 글쎄요, 아마도 싸워야 할 것입니다. 가진 자, 기득권자에게 관용은 불편을 감수하는 것이기도 하고 자기 것의 일부를 내주어야 하는 것이기도 하기 때문에 실천 또는 실현 가능성이 그리 높지 않습니다. 노동자의 임금은 투쟁 없이 오르지 않았고 여성의 권리 역시 남성과의 투쟁을 배제한 채 신장된 게 아닙니다.

그렇지만 『난쏘공』에 나오는 우주여행은 일종의 현실 도피처럼 여겨지기도 합니다. 지상에서 이루지 못한 꿈을 천상에서만이라도 이루려고 한다고나 할까요? 출구 없는 현실에 갇혀 있을 때 우리는 어떻게 해야 할까요? 큰아들 영수가 본 난장이 아버지의 모습입니다.

> "나는 방죽가로 나가 곧장 하늘을 쳐다보았다. 벽돌 공장의 높은 굴뚝이 눈앞으로 다가왔다. 그 맨 꼭대기에 아버지가 서 있었다. 바로 한 걸음 정도 앞에 달이 걸려 있었다. 아버지는 피뢰침을 잡고 발을 앞으로 내밀었다. 그 자세로 아버지는 종이비행기를 날렸다."

설마 종이비행기가 달까지 날아가겠습니까? 암울한 현실에 직면해 있는 아버지는 그렇게 해서라도 현실을 버텨내려고 한 모양입니다. 그렇지만 현실은 여전히 현실이죠. 난장이는 굴뚝 밑에 떨어져 자살했다고 합니다. 실수로 떨어진 건지 자살한 건지가 중요할 수 있는데, 만일 실수로 떨어졌다면 난장이는 죽기 직전까지도 환상을 버리지 않은 것이 됩니다. 자살했다면 그 환상에서 깨어나 다시 한 번 현실을 직시한 셈이 됩니다. 이때 환상은 현실의 고통을 잠시 잊게 하는 마취제에 불과한 것이 되어버립니다. 자살은 난장이 아버지가 느끼는 절망의 끝이겠죠.

그렇지만 달에 가게 될 거라는 아버지의 말이 완전히 황당무계한 것은 아닙니다. 이 소설이 씌어진 시기에는 이미 인간이 수차례 달에 다녀왔습니다. 말하자면 실현 가능성이 전무(全無)한 것은 아니지요. 그런 점에서 보면 이 소설은 판타지(환상) 소설이 아닙니다. 『해리포터』는 판타지 소설입니다. 마법학교는 원래 없죠. 그리고 거기서 일어나는 일들은 실현 가능성이 전혀 없다고 할 수 있습니다. 그렇지만 『난쏘공』에 환상이 전혀 없는 게 아닙니다. 우주여행을 꿈꾸잖아요. 설마 영수 아버지가 달에 갈 수 있게 되겠습니까?

이 소설에는 현실과 환상을 오가는 측면이 있습니다. 그런데 환상이 꼭 나쁜 것만은 아닙니다. 인간이 달에 가는 것은 환상이었지만 결국 인간은 달에 갔잖아요. 환상은 현실의 고통을 잠시 잊게 하는 마취제일 수도 있고 현실화하거나 현실을 변화시킬 수 있는 힘으로 작용할 수도 있습니다. 환상이 마취제 역할을 한다는 것은 현실(실재)을 아주 세련되게 감추고 있다는 것이 됩니다. 다시 말하면 가짜를 진짜처럼 보이게 하여 현실과 가상을 혼동시키는 겁니다. 이럴 때는 진실, 현실을 찾아 떠나는 여행을 멈춰서는 안 될 것입니다.

아마도 아버지 난장이는 가끔씩 환상 속에 있었던 것 같습니다. 그리고 그의 자살은 마취에서 깨어난 상태, 다시 말하면 절망할 수밖에 없는 현실 속에서 걸어간 극단적 선택으로 보입니다. 여러분은 현실이 아무리 고통스럽더라도 자살하면 안 됩니다. 다만 현실이 절망적이라는 것은 깨닫기 바랍니다. 어쩌면 우리는 난장이가 빠졌던 환상과는 다른 환상 속에 살고 있는지도 모릅니다. 난장이가 진짜(현실)와 가짜(환상)를 오갔다면 우리는 진짜를 아예 보지 못하는 거죠. 그렇다면 진짜를 보기 위한 여행을 떠나야겠죠? 진실을 본 상태에서 얻는 환상은 단순한 마취제가 아니라 우리의 삶을 더욱 풍요롭게 만드는 요소로 작용할 것입니다.

자본주의 사회의 원리와 노동자의 삶

아마도 여러분들의 상당수는 노동자가 될 것입니다. 노동자라고 하니까 이상한가요? 노동자란 자본가에게 자신의 노동력을 임금의 형태로 파는 사람을 말합니다. 선생님은 뭘까요? 노동력을 판다는 점에서 보면 선생님도 노동자입니다. 사립학교 선생님들의 월급은 자본가가 아니라 국가가 줍니다. 그 대신 학교는 공공성을 띤 기관이므로 국가의 일정한 관리를 받죠. 물론 문제가 있는 사립학교 소유주는 이윤 추구에만 관심이 있는 자본가와 다르지 않습니다. 국가로부터는 늘 적당히(?) 관리를 받으려 하고 비리는 뇌물로 막으려 하죠. 어쨌든 국공립학교 선생님들뿐만 아니라 사립학교 선생님들의 월급도 국가가 줍니다. 공무원들의 월급도 국가에서 주지요.

그럼 국가에서는 무슨 돈으로 월급을 주지요? 국민이 내는 세금으로 주지요. 세금은 국민이 직접 내는 직접세와 어떤 물건 등을 사면서 내게 되는 간접세가 있습니다. 우리가 평소에 사는 상당 부분의 물건에는 세금이 붙습니다. 그런 점에서 보면 우리는 국공립학교 선생님들뿐만 아니라 사립학교 선생님들 그리고 공무원 등에게 월급을 주는 셈이지요. 물론 월급을 주는 일은 국가가 대행하는 셈이고요. 어떤가요? 어깨에 힘이 좀 들어가나요? 정부 보조를 받으면서 살아가는 사람들도 세금을 내는 겁니다. 직접 세금을 낼 일이 없다 하더라도 물건을 살 때는 세금을 내는 셈이니까요. 대체로 어른들은 여러분보다 세금을 더 많이 내겠지요. 여러분들이 평소에 접하는 수많은 선생님들이나 공무원들은 여러분 또는 여러분의 부모님 등이 내는 세금으로 월급을 받는 사람들입니다. 그런 점에서 보면 그분들은 국민에게 고용된 노동자라고 할 수 있겠네요. 전혀 그렇게 보이지는 않지만 말입니다. 국민이 사장님처럼 보이지는 않죠?

어쨌든 여러분이 선생님이 되든 공무원이 되든 일반 회사에 취직을 하든 여러분의 상당수는 자신의 노동력을 파는 노동자가 될 것입니다. 물론 부모님이 부자라서 거액의 재산을 상속받으면 평생 놀고먹을 수도 있고, 부모님의 회사를 물려받는다면 곧바로 사장님이 될 수도 있겠지요.

그렇다면 노동자가 된다는 것이 무엇인지 알아봅시다. 여러분이 사장님이 된다 하더라도 노동자에 관해 알아두길 바랍니다. 그래서 우선은 노동자로부터 진정으로 존경받는 사장님이 되길 바랍니다.

1 자본주의의 핵심 원리: 모든 것의 상품화

노동자가 되든 그렇지 않든 우리 모두는 자본주의 사회의 원리 속에서 살고 있습니다. 자본주의란 무엇일까요? 제가 어렸을 때는 남북한 간의 대립이나 사회주의권과 자본주의권의 대립을 사회주의 대 민주주의의 대립으로 배웠습니다. 그러나 그건 잘못된 교육이었죠. 사회주의 대 자본주의의 대립이라 해야 맞습니다. 사회주의권 국가도 민주주의를 표방하거든요. 자본주의는 어떤 이념이라기보다는 사회 체제, 특히 경제 체제를 의미합니다.

자본주의 사회의 핵심 원리는 모든 것을 상품화하는 것이라 할 수 있습니다. 여기서 상품이란 화폐와 교환되는 것을 의미합니다. 이를 좀 더 어려운 말로 하면 상품은 교환가치를 지닌다고 말합니다. 자본주의 사회에서 상품이 아닌 것은 대개 무가치한 것으로 취급받습니다. 어머니의 가사노동은 교환가치를 만들어내는 노동 다시 말하면 상품을 만들어내는 노동이 아니기 때문에 아버지의 노동보다 무가치한 것으로 여겨지지요. 어머니의 노동은 사용가치를 만들어내는 노동이라 할 수 있습니다. 사용가치란 우리의 구체적인 욕구, 욕망을 채워주는 것을 의미합니다. 어머니가 해주시는 밥이나 찌개 등을 우리는 돈 주고 사 먹지는 않지요. 자본주의 사회가 좀 더 인간다워지려면 사용가치를 만들어내는 노동을 소중하게 여길 줄 알아야 합니다.

조금 서글픈 얘기지만 여러분들이 공부를 하고 실력을 갈고 닦는 것은 좀 더 비싼 상품으로 팔리기 위한 준비이기도 합니다. 그렇다면 월급을 많이 받는 것처럼, 자신이 비싼 상품으로 팔리면 만족스러울까요? 그렇지 않을 수도 있습니다. 다른 사람들로부터 진정으로 인정받지 못하면 만족감을 얻지 못할 수 있습니다. 소외된 노동을 한다면 그렇게 될 겁니다.

이 말을 이해하려면 우선 노동과 노동력의 차이를 알아야 합니다. 마르크스에 따르면 인간은 노동을 함으로써 비로소 인간이 될 수 있었습니다. 인간의 관점에서 보면 노동은 매우 소중한 활동입니다. 노동이란 단순히 욕망을 충족시키는 행위가 아닙니다. 욕망을 충족시키는 것이 노동이라면 동물의 행위도 노동이라 할 수 있는데, 일반적으로 동물들의 욕망 충족 행위는 노동이라고 하지 않습니다. 노동이란 욕망 충족 행위뿐만 아니라 자연 속에 없는 것을 만들어내는 행위이기도 합니다. 인간은 자연 속에 없는 것을 만들어냅니다. 자연 속에는 없지만 있어야 할 것으로 생각하고 실제로 있는 것으로 만들지요. 우리가 사용하는 많은 도구들, 물질문명의 이기(利器)들이 그러한 것들입니다. 일부의 동물들이 조야하나마 도구를 만들기도 하지만 이것들은 역시 자연 속에 존재하는 것들입니다.

어쨌든 인간은 노동을 함으로써 동물적 상태에서 벗어날 수 있었고 자연 속에는 없지만 자신이 목표로 하는 어떤 것을 이루기 위해 노동을 하기 때문에 노동은 매우 소중한 활동이라 할 수 있습니다. 이러한 것을 좀 더 어려운 말로 하면 노동은 자기를 실현할 수 있도록 하는 행위라고 할 수 있습니다. 자기를 실현한다는 것은 자기가 염원하는 것, 자기가 소원하는 것을 이루되 그 상태를 다른 사람이 진정으로 인정해 주기 때문에 자기 스스로도 자기를 만족스럽게 인정하는 상태를 말합니다. 소외된 노동은 노동이 이러한 성격을 상실할 때 발생합니다. 소외(alienation)란 '본래의 것이 아닌 것'이라는 뜻입니다. alien은 '낯설다'는 뜻이지요? 영화 「Alien」을 군이 번역하자면 '낯선 놈'이라는 뜻이 되겠습니다. 본래 없던 놈이 나타난 겁니다. 노동의 소외라고 하면 노동이 가진 본래의 성격 즉 자기를 실현할 수 있도록 하는 행위라는 성격을 상실한 것이겠지요. 이런 일이 왜 일어날까요?

이제 노동력에 관해 알아봐야겠습니다. 자신의 노동 능력을 상품으로 판다면 이것은 노동력을 파는 것입니다. 노동력을 파는 입장에서는 좀 더 비싼 값에 팔려고 하겠지요. 물론 사는 입장에서는 싸게 사려고 하겠지요. 자본가에게 노동력은 가급적 싸게 사면 좋은 하나의 상품입니다. 자본가의 관심사는 이윤(profit)을 최대화하는 것입니다. 그리고 이윤을 재투자해서 자본을 집적, 집중시키려고 하지요. 자본가들끼리도 경쟁을 하는데요, 독점화가 진행되고 사회의 거의 모든 구성원들이 소비할 수 있을 정도의 규모로 상품을 만들어내는 데에는 자본의 집적과 집중의 과정이 있는 것이고, 이러한 과정에는 가급적 비용을 적게 들이면서 이윤은 최대로 뽑아내려는 과정이 들어가 있습니다. 자본가가 거대 독점자본가가 되어 사회 구성원 거의 모두가 소비할 수 있을 정도의 생산 규모를 갖추게 되면 그만큼 사회를 지배하는 힘도 커집니다. 사회를 지배하는 힘이 커진다는 것은 그 사회 속에서 살아가는 인간들의 삶을 지배하는 힘이 커진다는 것이기도 하죠.

2 진정한 인정이란?

자본가에게 노동자는 교환가치를 낳는 존재일 뿐만 아니라 저렴하게 구매할수록 더 좋은 교환가치를 지닌 존재입니다. 무슨 말이죠? 자본가에게 노동자는 상품을 만들어내는 존재일 뿐만 아니라 저렴하게 구매할수록 좋은 하나의 상품이라는 뜻이죠. 이러한 가운데 노동자가 만들어내는 사용가치는 무시되며 가치가 노동에서 나온다는 것도 드러나지 않고 잉여가치(surplus value)는 착취(exploitation)됩니다. 이건 또 무슨 말일까요?

노동자가 사용가치를 만들어낼 때 이를 두고 노동자는 '구체적 유용노동'을 한다고 합니다. 서로 다른 상품은 서로 다른 사용가치를 지니겠죠. 이는 이들 상품을 만들어내는 데 들어가는 노동의 종류가 다르기 때문입니다. 다시 말하면 서로 다른 종류의 상품에는 질적으로 다른 유용노동이 들어 있는 것입니다. 가치가 노동에서 나온다는 것은 무슨 뜻일까요? 노동자는 노동력을 팔아 노동을 함으로써 자신이 최초에 원료로 삼았던 어떤 것에 변화를 주어, 또는 세련되게 가공하여 전과는 다른 물건을 만들어냅니다. 자본가는 그것을 팔아 이윤을 남기지요. 그러면 어떻게 된 거죠? 최초의 물건과 새롭게 만들어낸 물건 사이에는 가치 차이가 있죠? 가치 증식이 이루어진 겁니다. 가치가 노동에서 나온다는 것은 바로 이런 뜻입니다. 그런데 자본가의 입장에서 보면 그는 노동자의 노동력을 상품으로 사서 노동하게 한 것이기 때문에 노동력의 대가(어떤 사람은 노동과 노동력을 구분하지 않은 채 노동의 대가를 지불했다고 하겠죠)를 이미 지불했고 새로운 물건뿐만 아니라 거기에 붙은 가치 증식분도 온전히 자신의 것이라고 할 겁니다.

여기서 자본가와 노동자의 입장이 갈라집니다. 무엇이 가치를 증식시킨 것인가 하는 문제와 관련되어 있습니다. 노동자의 입장에서 보면 자신의 노동이 가치를 증식시킨 것이고 자본가의 입장에서 보면 자본이 가치를 증식시킨 겁니다. 자본이란 단순하게 말하면 장사나 사업 따위의 기본이 되는 돈입니다. 이 돈으로 상품을 만드는 데 필요한 생산 수단이나 노동력 등을 구매하죠. 그러므로 자본가의 입장에서 보면 노동력도 하나의 자본이 됩니다. 결국 그의 입장에서 보면 가치를 증식시킨 것은 자본이 됩니다. 가치 증식된 물건(상품)을 팔면 최초에 투자한 돈보다 더 많은 돈이 생기겠죠. 자본이 자본을 증식시키는 사회, 바로 자본주의 사회입니다.

'돈 놓고 돈 먹는' 사회죠.

노동자의 노동이 가치를 증식시킨다고 보면 노동자가 만들어낸 잉여가치가 자본가에게 착취된다고 할 수 있습니다. 가치 증식분이 노동자에게 가지 않기 때문이죠. 이렇게 보면 잉여가치와 이윤을 구별하는 것이 중요합니다. 노동자의 입장에서 보면 가치 증식분이 잉여가치지만 자본가의 입장에서 보면 이윤일 뿐입니다.

자본가의 입장에서 보면 노동자의 구체적 유용노동은 중요하지 않습니다. 자본주의 사회는 노동자의 구체적 유용노동을 추상화합니다. 조금 어려운 말로 하면 '추상적 인간 노동'으로 만듭니다. 추상적 인간 노동이란 모든 노동이 두뇌, 근육, 신경 등을 사용한다는 점에서는 동일하므로 서로 다른 구체적 유용노동을 동일화하는 데서 나온 개념입니다. 예를 들면 어떤 구체적 유용노동을 하든지 간에 '시간당 얼마' 등과 같이 노동력의 지출 정도를 계산하여 임금의 형태로 대가를 지불하는 하나의 상품입니다. 추상적 인간 노동은 화폐의 형태로 대가를 지불하는 하나의 상품일 뿐만 아니라 상품 즉, 교환가치를 낳는 인간 노동력 일반을 의미합니다.

노동자의 입장에서 보면 자신의 구체적 유용노동이 무시되고 일정 금액의 화폐와 교환되면서(즉, 일정 금액의 임금을 받으면서) 상품을 만들어내는 즉, 교환가치를 창출하는 노동자로서 대접받는 것입니다. 혹시 여러분은 이게 무슨 문제인가 하고 생각할지도 모르겠습니다.

지구상에는 약 70억 명의 인구가 있다고 했지요. 이들은 각자 자기를 가장 소중한 존재로 여기며 살고 있습니다. 인간 하나하나를 보면 모두가 소중한 존재들이지요. 그런데 그들의 일이 추상적 인간 노동으로 취급받는다는 것은 그들 각자가 가지고 있는 차이, 개성이 무시되는 것이기도 하지요. 인간들 간의 차이를 무시하고 획일화하면서 인간을 이윤을 낳는 하나의 도구로 보는 것, 이것이 자본주의 사회의 문제점이기도 합니다. 민족이네 국가네 하는 데에는 그 속에 소속돼 있는 사람들 간의 차이를 무시하는 측면이 있지요. 민족의 이름으로, 국가의 이름으로 비인간적인 행위를 한 역사적 사례는 무수히 많습니다.

랑시에르라는 현대 철학자는 "정치투쟁이란, 단어들을 전유(專有)하기 위한 투쟁"이라 했습니다. 좋은 의미를 갖는 단어도 결국 그것이 누구의 것인가 하는 것이 중요합니다. 그냥 보기에는 별 문제 없고 매우 자연스럽게 받아들여지는 단어이지만 실은 누군가가 소유하면서 지배의 도구로 활용하는 단어일 수 있습니다. 이윤이라는 단어가 바로 그렇지요. 우리는 이 단어를 매우 자연스럽게 받아들입니다. 이윤은 자본가의 몫이라는 것도 자연스럽게 받아들이죠. 그렇지만 잉여가치라는 말을 쓰면 상황은 달라집니다. '자본가가 노동자에게 지불하는 임금 이상으로 노동자가 생산하는 가치'가 잉여가치입니다. 잉여가치의 착취는 바로 여기서 나오는 겁니다.

여러분들에게는 착취(搾取)라는 말이 매우 부정적으로 다가올 것입니다. 하지만 자본주의 사회에서 착취는 합법적으로 이루어지는 것입니다. 자본가와 노동자는 우선 계약을 하죠. 노동 시간, 임금 수준 등에 관해 계약을 하고 일을 시작합니다. 하지만 아무래도 노동자는 불리한 위치에 있을 수밖에 없습니다. 가진 것이라고는 몸뚱이밖에 없다면 더욱더 그렇겠지요. 노동자의 단결이 그래서 중요한 겁니다. 노동자 한 사람 한 사람은 자본가 앞에서 별다른 힘을 발휘하지 못하지요. 어쨌든 자본주의 사회에서의 자본가와 노동자가 계약 관계에 들어가는 것은 자본가의 이윤 추구 행위에 노동자가 동의한다는 것이고 잉여가치의 착취를 합법화하는 것이기도 합니다.

그렇다면 사장님으로부터 '너 일 잘한다.'며 칭찬을 받는 것은 진정으로 인정을 받는 것인가요? 여기서 일을 잘한다는 것은 계약을 성실히 이행한다는 것이겠죠. 아니면 계약서상에 명시된 것 이상으로 일을 열심히 한다는 것이겠죠. 조금 지나친 표현 같기는 하지만, 그것은 합법적 노예화의 길이기도 합니다. 노예적 삶에서는 자기 존재감을 확보할 수 없죠. 자기 존재를 진정으로 자각하지 못한 상태에서 존재감을 확보하는 것은 허위의식에 사로잡혀 있는 것이고 본래적인 것을 회복하지 못했다는 점에서 소외된 상태에 있는 겁니다.

자본가와 노동자 사이에서 진정한 인정이란 어떻게 성립할까요? 노동은 자기를 실현하고 인간의 삶의 질을 높이는 귀중한 활동입니다. 그러한 노동의 온전한 의미가 실현되지 않는 사회, 마르크스가 보기에 그런 사회가 바로 자본주의 사회인데요, 생산 과정의 주인, 가치를 낳는 주체가 노동자라는 것을 자본가에게 깨닫게 할 때, 그때야말로 노동자가 자기 존재감을 확보할 때일 것입니다. 문제는 자본가가 늘 노동자를 상품으로만 본다는 점, 임금을 주면서 자신은 "최선을 다했노라."라고 한다는 점입니다. 노동자의 입장에서 보면 이러한 점들은 자본가가 노동자를 진정으로 인정하는 것이 아닙니다. 자본가와의 계약 논리에 빠져 자신이 착취당하고 있다는 것을 깨닫지 못하는 노동자에게는 우선 허위의식에서 빠져나와야 하는 각성이 필요합니다. 물론 노동자의 주체성을 인정하지 않는 자본가와의 투쟁도 필요하겠지요.

자본가는 이윤의 확대를 위해 노동자들을 끊임없이 도구로 활용하려고 합니다. 이것은 자본가가 노동자를 진정으로 인정하는 것이 아니죠. 마르크스에 따르면 소외된 노동을 하는 노동자가 진정한 자기 정체성을 확보하려면 자신이 자본가들에게는 하나의 상품일 뿐이라는 것을 깨달아야 합니다. 설사 노동자가 자본가나 부자들의 소비 행태를 일부 따라한다 하더라도 그것은 허상을 좇는 일이며 단지 그들을 흉내 낸 것에 지나지 않습니다. 자신이 착취당하고 있음을 깨닫고 이를 극복하기 위해 노력할 때 진정한 노자관계가 드러나고 자기 정체성을 확보할 수 있는 길도 열릴 것입니다.

절망을 넘어 희망 찾기: 소유에서 존재로 가기

사기(士氣)를 높여주고 희망을 주어야 하는데, 어떤 비장한 각오를 요구하는 것 같죠? 부모님이 매우 부자라서 거액의 재산을 물려받을 게 아니라면 우선 각오부터 하십시오. 여러분이 얼마 안 있어 마주하게 될 현실이니까요. 여러분을 더 절망에 빠뜨려볼까요? 아무리 노력해도 진짜 부자는 될 수 없다는 것, 진짜 권력은 쥘 수 없다는 것. 우리들이 절망해야 할 지점은 바로 여기입니다.

1 세상의 진짜 주인

세계 지도를 펼쳐놓고 세상을 주무르는 자들이 있다고 했죠? 그들은 바로 미국 월가를 중심으로 세계 경제를 주름잡고 있는 국제 금융 자본가들입니다. 여러분, 시간이 나면 『오바마의 속임수』(알렉스 존스 저, 김종돈 역, 노마드북스, 2010)라는 책을 읽어보기 바랍니다. 동영상도 있으니 기회가 되면 인터넷에서 찾아보고요.

이 자료에 따르면 세계 경제를 움직이는 자는 이들 금융 자본가들이고 전쟁을 일으키는 장본인도 군수산업을 소유한 이들이라고 합니다. 여러분, 전쟁이 얼마나 무서운 겁니까? 사람을 죽이는 거잖아요. 그리고 너 자신이 죽을지도 모르지만 감수하라는 거잖아요. 물론 어느 정도 보상은 해주겠다고 하죠.

전쟁에서는 적을 나쁜 사람으로 만들죠. 실수로 평범한 사람을 죽여도 괴로울 텐데, 의식적으로 사람을 죽여야 한다면 당연히 적을 나쁜 사람으로 만들고, 나쁜 사람을 죽이는 거니까 괜찮다는 생각을 심어줘야겠죠. 그렇지만 정말 내가 죽이는 그 적이 나쁜 사람일까요? 내가 죽였던 그 적이 나쁜 사람이 아니었고 그 적을 죽이라 했던 자가 나쁜 사람이었다면 어쩌죠? 이미 죽인 사람은 살릴 수도 없잖아요? 전쟁에는 절대 악(惡)과 절대 선(善)이 없습니다. 전쟁을 일으키는 자의 탐욕만이 있을 뿐입니다. 그렇기 때문에 전쟁은 일어나서는 안 되는 겁니다.

베트남 전쟁은 어떤가요? 이 전쟁은 베트남 사람들 입장에서 보면 민족해방투쟁에 가깝습니다. 사회주의자도 있었지만 그렇지 않은 사람도 많았습니다. 미국은 전 세계로부터 강한 반대 여론에 부딪쳤지만 침략 전쟁을 감행합니다. 결국은 패하고 물러났지만 말입니다. 케네디는 왜 모든 사람들이 지켜보는 대로에서 총을 맞고 죽었을까요? 베트남 전쟁에 적극적이었던 케네디는 마음을 바

꿉니다. 케네디의 아버지는 친나치 성향의 밀수업자이자 투기꾼이었다고 하죠. 케네디는 말하자면 꼭두각시 노릇을 하도록 선택된 건데, 베트남에서의 철군을 준비하고 금융 자본가들의 권익을 축소시키려 하고 소련과의 협상 등을 추진했습니다. 여러분, 미국의 연방준비은행은 국가 기관이 아닙니다. 사설 은행입니다. 케네디는 사설 연방준비은행을 폐지하는 절차를 밟습니다. 그렇지만 이런 정책들은 금융 자본가들이 원하는 것이 아니었습니다. 대통령도 말을 안 들으면 죽습니다. 케네디는 대통령 노릇을 좀 해보려다 실패한 사람입니다. 케네디 이전에도 거의 그랬지만 케네디 이후부터는 이제 아무나 대통령을 해도 됩니다. 어차피 금융 자본가의 꼭두각시이니까요. 오바마가 대통령이 되었어도 미국은 별로 달라진 게 없습니다.

이 자료에 따르면 세계를 움직이는 자들은 빌더버그 그룹, 삼각위원회, 외교협회 회원들입니다. 빌더버그 그룹은 나치의 일원이었던 네덜란드의 버나드 왕자가 창설했고 삼각위원회는 데이비드 록펠러와 즈비그뉴 브레진스키가 창설했다고 합니다. 빌더버그 그룹은 세계 권력 구조의 정상에 위치하며 그 회원은 세계의 가장 부유하고 영향력 있는 125명이라고 합니다. 삼각위원회는 빌더버그의 의제를 접수해서 유럽, 아시아, 아메리카의 각 지역 협의체들을 통해 실행하는데 외교협회는 미국 지역을 관리하는 협의체 역할을 합니다. 웹스터 타플리(Webster Tarpley)에 따르면 이들이 정책과 규칙을 만드는 방법은 다중심(Polycentric), 과두(oligarchical) 체제입니다. 그러니까 이 체제는 소수의 사람이나 집단이 권력을 독점하고 행사한다는 점에서, 한 명의 군주나 독재자에게 권력이 집중된 독재(autocracy)도 아니고 다수에게 권력이 분산된 민주제(democracy)도 아닙니다. 다니엘 에스툴린(Daniel Estulin)은 빌더버그 그룹에 관해 언급하면서 다음과 같이 말합니다. "……그들이 하고자 하는 것은 모든 게 정상이라는 환상(illusion)을 만들어 내는 것이다. ……그들은 멍청한 '호구'들이 가진 돈을 모조리 투자하게 하고 나서, 바로 그때 경제를 바닥으로 패대기치려는 것이다……." 경제 파탄, 전쟁은 뭘까요? 누군가에게는 부자가 될 수 있고 권력을 쥘 수 있는 좋은 기회죠. 지구상에는 남을 불행하게 만들면서 행복을 좇는 자들이 있습니다.

공화당의 부시 정권 인사와 민주당의 오바마 정권 인사들은 거의 다 이들 단체에 소속되어 있습니다. 그러므로 미국 정치는 프로레슬링 같다고 하지요. 국민들이 보는 데서는 열심히 싸우는 척하다가 맛있는 거 먹으러 같이 가는 사이 말입니다. 권력을 자본 권력과 정치 권력으로 나눈다면 자본 권력이 정치 권력보다 우위에 있은 지는 꽤 오래되었다고 합니다.

자본 권력의 판단은 여러분의 삶과 무관하지 않습니다. 그들이 감행한 이라크, 아프가니스탄 침공은 여러분들의 가족일 수도 있는 우리 군인을 그곳에 보내게 했습니다. 자본 권력이 원하는 것은 자본, 돈이지요. 지구 이곳저곳에서 벌이는 전쟁에는 가스나 석유와 같은 자원을 보다 값싸고 안전하게 공급받으려는 의도가 숨어 있는 겁니다. 그렇게 해서 많은 이득을 취하는 자들이 있는 거지요. 우리나라도 이들 나라에 파병했지요. 베트남에도 파병했었고, 이라크, 아프가니스탄에도 파병했습니다. 미국의 요구를 들어주었습니다. 그러면서 "우리도 좀 먹자."고 하는 거지요. "좀 먹게" 되면 여러분들의 경제적 형편도 좀 나아질 겁니다. 우리에게는 식민지로 전락했던 뼈아픈 경험이 있습니다. 지금은 제국주의 국가라고 할 수는 없지만 아류 제국주의 정도의 국가가 되기 위해 안간힘을 쓰고 있는 것 같습니다. 기억해야 할 것이 있죠. 베트남 사람들이 우리 또는 우리나라를 진정으로 인정했겠습니까? 이라크, 아프가니스탄 전쟁은 아직 안 끝났습니다. 그들 나라 사람들은 우리나라를 어떻게 볼까요? 지금도 테러를 감행하는 사람들에게 우리나라는 그저 침략 국가에 지나지 않습니다.

그럼 우리나라의 진짜 주인은 누구인가요? 국민인가요? 여러분, 김상조 한성대 교수가 쓴 논문이나 책을 찾아서 읽어보기 바랍니다. 당장 인터넷만 들어가서 뒤져봐도 여러 정보를 얻을 수 있습니다. 이분은 이른바 '재벌 저격수'라는 별명을 갖고 있죠. '재벌 (chaebol, 財閥)'이라는 말은 세계백과사전에 유일하게 오른 우리말 경제 용어라고 하죠. 아마도 여러분들이 재벌이 되려면 재벌과 결혼하는 수밖에 없을 겁니다.

삼성그룹만 예로 들게요. 우리나라에서 삼성의 영향력은 막강합니다. 2005년을 기준으로 보면 삼성그룹의 투자액은 8대 재벌 전체 투자의 42.4%를 차지합니다. 대략 어느 정도인지 짐작이 가죠? 이 당시를 기준으로 보면 삼성 회장 일가는 1%도 안 되는 지분율을 이용해서 계열사 내부 지분율을 반 이상 확보하고 있습니다. 비밀은 순환 출자인데요, 순환출자 고리는 모두 6개입니다. 한마디로 복잡하다는 얘기고, 돈의 흐름이 어떻게 되는지 파악하기 어렵다는 겁니다. 더욱이 국가가 관여하기 어려운 이유는 삼성그룹의 지배구조 및 승계구도가 삼성에버랜드라는 비상장(非上場) 가족 회사를 중심으로 이루어져 있다는 겁니다. 여러분, 뉴스를 보면 나중에 주식과 관련한 소식을 전하죠. 에버랜드는 안 나옵니다. 상장하지 않은 가족 회사입니다. 상장을 하면 많은 사람들이 주식을 사고팔기 때문에 국가가 상당 부분 관여해서 거래가 공정하게 이루어질 수 있도록 관리를 합니다. 그렇지만 삼성그룹은 비상장 회사가 많은 상장 계열사를 거느리고 있는 구조라서 전체적으로 보면 국가도 어찌할 수 없는 상황이 있다는 거죠. 우리나라 역시 자본 권력이 정치 권력보다 우위에 있습니다.

여러분, 진짜 부자는 될 수 없다 했죠. 전 세계적으로 보아도 이제 백만장자는 부자 축에 끼지 못합니다. 약 12억 원 정도를 가진 사람이겠죠. 대부분의 사람들은 1억 원 벌기도 힘든데 말입니다. 이제는 억만장자는 되어야 부자 축에 낍니다. 약 1200억 원 정도를 가지고 있어야 하겠죠. 삼성 재벌 3세 이재용 씨는 1995년에 아버지 이건희 회장으로부터 60.8억 원을 증여받습니다. 이 중 16억 원을 증여세로 납부했습니다. 44.8억 원이 남았죠. 이 돈이 2년 후 약 700억 원이 됩니다. 지금은 어떻게 됐을지 대충 짐작이 가죠? 김상조 교수에 따르면 재벌 승계 과정에는 많은 불법, 탈법, 편법 등이 있는데, 국가도 어쩌지 못했다고 합니다. 2006년에 삼성그룹은 8000억 원을 사회에 헌납하고 금융 계열사 지배구조 개선, 공정거래법 제11조 위헌심판 청구 취하 등을 약속하는 내용의 '국민께 드리는 말씀'을 발표했습니다. 이건 뭘까요? "마, 미안하다 마. 이 돈 받고 고마해라 마." 이거 아니겠어요?

우리나라만 보더라도 기업인에 대한 처벌은 매우 관대합니다. 2000년 1월부터 2007년 6월까지만 보면 '특정경제범죄 가중처벌 등에 관한 법률'상의 배임(背任) · 횡령 혐의로 기소된 기업인 149명 중 실형 선고를 받지 않은 사람은 125명입니다. 6명 중 5명이 실형 선고를 받지 않는다는 거지요.

삼성은 노동조합을 인정하지 않는 것으로 유명하죠. 가끔 TV 광고에 나왔던 반도체 공장이 생각나나요? 하얀 방진복을 입고 먼지 하나 없는 깨끗한 작업 환경처럼 보이죠. 여러분, 자연의 모습을 거스르면 거스를수록 인체에는 해로운 물질이 나오는 겁니다. 〈반도체 노동자의 건강과 인권지킴이, 반올림〉이라는 인터넷 카페에 한번 들어가 보십시오. 삼성전자 공장에서는 현재까지 수십 명

세상을 크게 보라고 했죠?
이게 우리가 처한 현실입니다.
우리는 삼성 공화국이 아니라
삼성 왕국에 살고 있는
건지도 모르죠.

이 백혈병으로 죽어나갔습니다. 삼성은 그들의 백혈병을 산업재해가 아닌 것으로 하려고 기를 쓰고 있죠.

『난쏘공』의 조세희 선생이 봤던 세상은 여전히 지속되고 있습니다. 난장이가 절망했던 것처럼 우리도 절망해야 할지도 모릅니다. 정치 권력을 바꾸면 뭔가 크게 달라질까요? 김대중 씨의 국민의 정부, 노무현 씨의 참여 정부, 그 정권은 무엇을 했죠? 미국의 파병 요구를 다 들어줬고, 삼성에게도 어쩌지 못했습니다. 세상을 크게 보라고 했죠? 이게 우리가 처한 현실입니다. 우리는 삼성 공화국이 아니라 삼성 왕국에 살고 있는 건지도 모르죠.

2 전복적 사고부터 시작하라

우리는 지금 자본주의 사회에 살고 있습니다. 자본주의는 모든 것을 상품화하는 사회라고 했죠. 상품이란 돈, 화폐로 교환될 수 있는 것이고요. 상품은 우리의 구체적인 욕구를 채워줄 수도 있고 그렇지 않을 수도 있습니다. 그것을 구매할 돈이 없는 사람에게는 '그림의 떡'이죠. 돈 없는 사람에게 자본가는 공짜로 주지 않습니다. 팔리지 않는 물건은 쓰레기일 뿐이죠. 상품이 아니고 쓰레기입니다. 사용가치가 있어도 쓰레기죠. 버려야 합니다. 공짜로 주면 물건 안 사잖아요?

그러면 우리는 오로지 인생을 돈을 벌기 위해서만 살아야 할까요? 여러분의 부모님은 가족을 먹여 살리기 위해서, 좀 더 안락하게 살기 위해서 열심히 돈을 버십니다. 그런 삶을 두고 뭐라고 할 수는 없습니다. 가족을 유지하고 지키기 위해 열심히 일합니다. 소중하고 귀한 활동입니다. 하지만 철학적 사고를 한다는 건 그런 상황을 넘어서 보려는 것입니다. 가족을 귀하게 여기는 것과 가족 이기주의는 구별해야 한다고 했죠. 철학하는 사람들이 비현실적으로 보이는 이유는 바로 여기에 있습니다. 일반적인 관심사를 넘어서려는 것이죠. 노동자로서 열심히 일하고 임금 인상 투쟁을 하여 월급을 더 받게 되었다고 칩시다. 당장은 괜찮겠지요. 그렇지만 곧 집값, 물가 등이 오릅니다. 다시 제자리겠죠. 가격은 누가 정합니까? 국민이 정하는 거 아닙니다. 『난쏘공』에는 "헐릴 저희 집 같은 걸 새로 지으려면 백삼십만 원은 있어야 됩니다."라는 표현이 나옵니다. 지금은 그 돈으로 한 평도 못 짓습니다. 월급은 그만두기 아까울 만큼만 올려주고 욕망은 화려한 광고나 드라마를 통해 환상을 만들어줌으로써 가상적으로만 채울 수 있도록 하는 게 지배자의 머릿속에 있는 계산 중 하나입니다.

따지고 보면 돈은 어떠한 구체적인 욕구도 채워줄 수 없죠. 먹을 수도 없고 몸에 붙인다고 해서 병이 낫는 것도 아닙니다. 그렇지만 그 돈이 모든 가치를 재는 척도로서, 마치 신처럼, 우리 삶 속에, 우리 삶 위에 군림하고 있습니다. 문제는 그러한 군림의 원리가 잘 보이지 않는다는 것입니다. 국제 금융 자본가는 언론에 별로 등장하지 않습니다. 그들이 내세우는 것은 주로 정치인입니다. 우리나라의 기업주들도 자신의 이미지를 높이는 것이 아닌 한 언론에 거의 등장하지 않습니다. 여러분, 자기 삶을 둘러싸고 있는 연쇄 고리들, 그 고리의 끝이 어디인지 이제 좀 알 것 같죠? 가족을 넘어 사회, 국가를 사랑하면 될까요? 애국자가 되면 되나요? 혹시 그건 국수주의자의 입장 아닌가요?

세상의 진짜 주인이 노리는 것은 사이비 민족주의입니다. 영화 「라이언 일병 구하기」를 보았나요? 얼마나 아름다운 얘기입니까? 아들 둘이 전쟁에서 죽었다. 나머지 한 아들도 죽으면 안 되니 그를 데려와라! 미국인은 애국자가 될 수 있습니다. 미국은 자국의 국민은 철저히 보호합니다. 하지만 미국은 다른 나라의 진정한 인권이나 민주주의에는 관심이 없습니다. 자기 나라의 이익만이 관심사입니다. 여러분, 사르트르처럼 살면 안 되나요? 프랑스 사람이지만 식민지 알제리 편을 들 수 있는 겁니다. 지식으로서의 철학이 아니라 삶으로서의 철학을 받아들인다는 건 때때로 목숨을 걸수도 있는 선택의 기로에 선다는 것이기도 합니다.

저는 감히 여러분에게 사르트르처럼 살라고 권하고 싶지는 않습니다. 평범한 사람들이 실천하기는 사실 어렵죠. 저조차도 사실은 그렇게 살 자신이 있는 게 아닙니다. 하지만 세상의 진정한 모습이 무엇인지 끝까지 탐색해 보기 바랍니다. 눈에 보이는 게 다가 아닙니다. 정신 바짝 차리지 않으면 세상은 보이지 않습니다.

1997년 우리나라가 'IMF 한파(寒波)'를 맞은 것은 순전히 우리만의 문제 때문이 아닙니다. 우리 부모님들이 무능하고 게으르고 과소비를 해서가 아니라는 거죠. 「자본주의 러브스토리」라는 영화도 한번 보기 바랍니다. 시티그룹의 비밀문서에 나온다는데요, 2005~2006년 미국의 상위 1%에 속하는 사람들의 재력은 하위 95%에 속하는 사람들의 재력과 맞먹는다고 합니다. 아마도 상위 1%의 재력가가 되는 데에는 우리나라의 경제를 패대기치고 구조조정하고 접수한 것도 한몫을 했겠죠?

가진 자는 더 가지려고 한다죠? 성경에도 나옵니다. 요즘의 부자들이 한 가지 모르는 것은 부자가 천국에 가는 것은 낙타가 바늘

구멍 통과하는 것보다도 어렵다는 말 같습니다. 부자를 자꾸 신의 축복으로만 보려 합니다. 하지만 사악하지 않으면 진짜 부자가 될 수 없습니다. 백만장자는 부자 축에도 끼지 못한다고 했으니 오해는 없기 바랍니다.

3 소유에서 존재로 가기

소유는 존재를 보장하지 못합니다. 부자를 부러워할 수는 있습니다. 그렇지만 부자를 진정으로 존경하는 사람은 그리 많지 않을 겁니다. 그것은 부자가 되는 과정이 그리 정당하지 않기 때문입니다. 부자도 때론 불안합니다. 나에게 고개를 숙이는 저 자가 진정으로 나를 인정하는지 알 수 없기 때문입니다. 극단적인 경우긴 하지만 난장이 큰아들 영수처럼 칼을 들이댈지도 모르는 일이죠.

여러분 중에는 대기업에 취직하는 것을 꿈꾸는 사람도 있을 텐데 도대체 어쩌라는 건지 난감할지도 모르겠습니다. 너무 어두운 얘기만 했나요? 현실을 직시하자니 암울하기만 합니다. 장수하기도 어렵겠네요. 스트레스가 많으니까요. 그런데 자본주의 사회에서는 예방의학도 발달하지 않네요. 환자는 돈이기도 하니까요.

저는 여러분에게 지금 현실의 진짜 모습은 이러하니 당장 거리로 뛰쳐나가 투쟁하라고 말하고 싶지는 않습니다. 다만 여러분의 주변을 돌아보기 바랍니다. 실업자는 물론이고 가족을 부양할 수도, 집을 살 수도 없는 임금을 받으며 살아가는 무수한 사람들이 있습니다. 『부동산 계급사회』(손낙구 지음, 후마니타스)를 한번 읽어 보세요. 행정자치부가 2005년에 발표한 '세대별 주택 보유현황'에 따르면 1,083채를 보유하고 있는 세대가 있습니다. 183채가 아녜요. 주택보급률이 낮아서 집 없는 사람들이 많은 게 아니라 특정인에게 편중되어 있어서 집 없는 사람이 많은 겁니다. 나 하나만 집 사고 차 사고 오손도손 가족과 함께 잘 먹고 잘살면 되는 건가요. 나보다 가난한 이들 또는 내 가족이 아닌 다른 사람들이 나를 진정으로 인정하지는 않을 겁니다.

자본주의 사회는 실업자를 일정 부분 남겨두기도 합니다. 봐라, 일자리가 있는 너는 얼마나 행복하냐. 그러니 힘들어도 참고 일해! 됐나요? 따지고 보면 실업자도 생산에 기여하는 겁니다. 실업자는 자본가의 필요에 의해 존재하는 것이지요. '기본소득(basic income)'이라는 말을 들어보았나요? 국민 모두에게 조건 없이 빈곤선 이상으로 살기에 충분한 월간 생계비를 지급한다는 제도입니다. 이렇게 되면 실업은 개인의 무능과 게으름의 문제가 아니라 사회가 책임질 문제가 되겠지요. 부자가 진정으로 인정받으려면 다시 말해서 진정으로 존재하려면, 부자가 되는 과정이 정당하고 공정해야 합니다. 복지 제도가 잘 발달한 나라에는 세금이 많다죠. 그 세금이 공정하고도 투명하게 잘 쓰이고 있다면 세금 저항이 적고 부자들도 존경을 받을 겁니다.

그러므로 세상의 진짜 모습을 보려면 정치를 넘어 자본으로 시각을 돌리되 공정한 경제를 운용하기 위한 정치, 정치 제도에 관해서도 생각해 보기 바랍니다. 자본과 화폐를 넘어서려는 작은 운동도 있습니다. 레츠(LETS. Local Exchange Trading System) 운동, '타임 달러(Time Dollar)' 운동이라고도 합니다. 현대판 품앗이, 또는 물물교환 운동 같은 건데요, 각자가 가진 재능, 소질을 다른 사람을 위해 쓰되 자신도 다른 사람이 가진 능력의 덕을 보는 겁니다. 돈 주고 사고파는 게 아니라요.

여러분은 아직 젊습니다. 여러분에게는 기회가 많을 뿐만 아니라 어른들과는 다른 순수성이 있습니다. 조세희 선생도 말했지만 어른이 되면 세상과 타협하면서 불의를 보고도 참는 일이 많아집니다. 그러다 보면 세상은 별로 좋아지지 않겠죠. 현대 철학자들이 젊은이들에게 기대를 거는 이유도 거기에 있습니다. 젊은이들은 어른들과는 달리 대단히 탈권위적인 측면을 지니고 있거든요. 희망은 그런 데서 보입니다.

존재와 의식(意識)이 늘 일치하는 건 아닙니다. 「내 그물로 오는 가시고기」에는 자신의 아버지를 죽인 영수의 입장을 이해하는 '자본가의 아들'의 모습이 나옵니다. 자본가의 아들이지만 노동자의 입장에서 사태를 이해하려고 합니다. 자신의 사회적 존재와 의식이 일치하지 않는 것이죠. 그렇기 때문에 정의 편에 선다는 건 때때로 자기가 가진 기득권을 포기한다는 것이기도 합니다. 세상은 그런 사람들 때문에 조금씩 좋아진 것이기도 합니다.

세상은 평범한 사람을 투사로 만들기도 합니다. 『난쏘공』에 나오는 철거민, 노동자들은 주변에서 흔히 볼 수 있는 너무나 평범한 우리의 이웃이었습니다. 그런데 받아들이기 어려운 현실이 들이닥치죠. 때로는 평범하게 살기도 힘듭니다. 조금만 관심을 가져보십시오. 빌딩 앞, 공장 앞, 관공서 앞에서 시위하는 사람들이 보일 겁니다. 그들도 처음에는 그저 평범한 시민이었습니다. 「내 그물로 오는 가시고기」에서 작가는 지섭의 입을 빌려 말합니다. "저항권 행사를 생각해 보지 않은 사람이 있다면 그는 바보이든가 생존을 포기한 자일 것"이라고 말입니다.

여러분, 돈으로 모든 것을 다 살 수 있을 것 같지만 '다른 인간과의 관계'는 살 수 없습니다. 소유의 터널에 갇혀서 더 많이 소유하려고만 하면 다른 사람으로부터 진정으로 인정받을 수 없습니다. 욕망보다 더 중요한 것은 욕망을 나누는 것입니다. 그리고 나를 구원해 줄 '영웅'은 없으니 그를 기다리지도 마십시오. 여러분 삶의 주인은 여러분입니다. 부모님도 여러분의 삶을 끝까지 책임지기는 어렵습니다. 중립적 삶도 없으니 선택에서 벗어나려고 하지도 마십시오. 사회 위기는 지배자에게 더 많은 권력을 가져다줄 수 있지만 가난한 자, 억압받는 자에게도 좋은 세상을 만들 수 있는 기회를 줄 수 있습니다. 그러니 열심히 공부하십시오. 영어 공부요? 열심히 하세요. 책가방 집어던지지 말라고요. 자기 적성과 재능을 잘 관찰하고 개발하기 바랍니다. 학문이나 기술을 열심히 연마하세요. 언젠간 여러분의 실력이 보다 인간다운 삶을 살 수 있는 사회를 만드는 데 아주 유용한 도구가 되길 바랍니다. 여러분이 소유에서 존재로 가는 길입니다.

나는
나를
찢는다

『데미안』
헤르만 헤세
(민음사, 2000)

헤르만 헤세의 『데미안』으로 읽는 참된 나

김성우

왜? 나는 나를 찾는가!

가수 하덕규 씨가 부른 「가시나무새」라는 노래가 있습니다. 잠깐
가사를 음미해 볼까요?

> 내 속엔 내가 너무도 많아
> 당신의 쉴 곳 없네.
> 내 속엔 헛된 바람들로
> 당신의 편할 곳 없네.
> 내 속엔 내가 어쩔 수 없는 어둠
> 당신의 쉴 자리를 뺏고
> 내 속엔 내가 이길 수 없는 슬픔
> 무성한 가시나무 숲 같네.
> 바람만 불면 그 메마른 가지
> 서로 부대끼며 울어대고

쉴 곳을 찾아 지쳐 날아온

어린 새들도 가시에 찔려 날아가고

바람만 불면 외롭고 또 괴로워.

슬픈 노래를 부르던 날이 많았는데

내 속엔 내가 너무도 많아

당신의 쉴 곳 없네.

어떤가요? 가사만 보지 말고 (특히, 밴드 자우림의 버전으로) 노래를 직접 들으면 격한 감동이 몰려올 것입니다. 이 가사에 따르면 내속에 무수히 많은 '나'가 있습니다. 내가 싫어하는 나, 혐오하는 나, 벗어나고 싶은 나, 후회하는 나, 좋아하는 나, 되고 싶은 나 등등이죠. 이렇듯 내 안에는 다양한 나의 이미지들이 존재하고 있습니다.

가수 하덕규 씨는 이런 나의 이미지들 사이에서 갈등하며 괴로워하는 자신을 노래하고 있죠. 이 노래의 주인공은 자아분열을 드러내고 있어요. 그는 아마도 거울에 비친 자신의 모습을 스스로 싫어하나 봅니다.

반면, 연못에 비친 자신의 모습을 사랑하다 연못에 뛰어든 나르시스도 있죠. 나르시스는 그리스 신화에 나오는 나르키소스를 일컫습니다. 그는 자신의 자아를 너무 사랑한 나머지 결국 자살에 이르고 만다는 비극적인 이야기의 주인공입니다. 여기서 비롯된 병적인 증상이 나르시시즘이죠. 이 말은 일종의 광적인 자아도취를 가리킵니다.

「가시나무새」의 주인공처럼 자아분열로 인해 괴로워하며 절망하거나, 나르시스처럼 지나친 자아도취에 빠져버리는 것은 큰 문제가 되죠. 왜냐하면 이렇듯 자아를 미워하거나 자아를 지나치게 사랑하는 사람들은 타인과 진정으로 만나지 못하기 때문입니다. 진정으로 자신의 나를 만나지 못한 사람은 타인과도 단절될 수밖에 없어요. 자신과도 화해하지 못한 사람이 타인과 화해할 수 있을까요?

방황하는 청춘은 아름답다고 하죠. 방황은 왜 합니까? 내 속에 너무나 많은 내가 있기 때문이에요. 그런데 왜 절망합니까? 자신이 바라거나 부모님이 기대하거나 사회에서 원하는 나의 이미지들 중에서 어떤 내가 참된 나인지를 모르기 때문이죠. 방황하고 절망하면서 나를 찾아가는 것. 이것이야말로 루소가 말한, 청소년기에 이루어지는 "제2의 탄생"인 것입니다. 다시 말해서 방황은 청소년이면 누구나 겪는 자연스러운 과정인 것이죠.

왜 내가 나 자신을 찾아야 하는 것일까요? 이에 대해서 『데미안』의 작가인 헤르만 헤세가 주인공인 싱클레어의 입을 빌려 다음과 같이 대답합니다. 각각의 인간은 누구나 현실적이고 일회적이며 지금 현재 살아 있는 존재이기 때문입니다. 인간 하나하나는 "자연의 단 한 번의 소중한 시도"인 것이죠. 그런데 이렇게 일회적이어서 소중한 사람들이 제1차 세계 대전 속에서 무더기로 무의미하게 죽어 나갔지요.

헤세는 『데미안』을 제1차 세계 대전이 끝나갈 무렵에 썼습니다.

기계무기의 발달로 인해 서로를 대량으로 학살할 수 있는 힘이 생겨난 것이 문제였습니다. 비극적이게도 이 전쟁에서 유럽 젊은이의 한 세대가 사라졌습니다. 너무나도 소중하고 특별한 사람들이 전쟁이라는 공장에서 대량생산된 죽음을 소비했습니다. 그래서 헤세가 던진 절규는 우리에게 의미심장하게 다가옵니다.

헤세는 전쟁 속에서 의미 없이 죽어간 "한 사람 한 사람은 그저 그 자신일 뿐만 아니라 일회적이고, 아주 특별하고, 어떤 경우에도 중요하며 주목할 만한 존재"라고 말했죠. 이런 이유로 한 사람 한 사람의 이야기가 중요하고 영원하고 신성한 것입니다. 일회적이라는 말은 다음과 같습니다. 한 사람이란, "세계의 여러 현상이 그곳에서 오직 한 번 서로 교차되며, 다시 반복되는 일이 없는 하나의 점(點)"이라는 것이죠.

그런데 처음 자기를 찾아 길을 떠나는 사람은 데미안과 같은 인생 멘토나 안내자로서의 이정표가 필요합니다. 원래 데미안은 내가 찾은 본래의 자기인 것입니다. 『데미안』의 이와 연관된 인상 깊은 구절에서 주인공 싱클레어는 다음과 같이 말하죠.

"이따금 열쇠를 찾아내어 완전히 내 자신 속으로 내려가면, 거기 어두운 거울 속에서 운명의 영상들이 잠들어 있는 곳으로 내려가면, 거기서 나는 그 검은 거울 위로 몸을 숙이기만 하면 나의 고유한 모습을 본다. 그것은 이제 그와 완전히 닮아 있다. 그와, 내 친구이자 인도자인 그와."

철학 시간에 『데미안』 읽기

1 작가에 대하여

『데미안』을 지은 작가는 1946년에 노벨 문학상을 수상한 헤르만 헤세입니다. 하지만 흥미롭게도 그는 유명한 대학 출신이 아닙니다. 그는 학교 생활에 적응하지 못해 고등학교를 중퇴하였습니다.

그는 1877년 독일 뷔르템부르크 주의 칼브라는 곳에서 선교사의 아들로 태어났습니다. 그의 외할아버지는 유명한 인도학자이자 선교사였고 외삼촌은 일본에서 교육자로 활동하는 불교 연구자였죠. 그래서인지 몰라도 그의 작품들은 붓다의 생애를 아름답게 서술한 『싯다르타』처럼 대단히 종교적이며 동양적인 색깔을 보여줍니다.

14세가 된 그는 라틴어학교를 통과하여 명문 기숙학교인 마울 브론 신학교에 입학합니다. 그러나 시인이 되고 싶었던 그가 신학자가 되기 위한 공부를 강제로 하게 된 것이 문제였죠. 자유로운 시인 지망생인 그는 엄격한 수도원 학교에 적응하지 못하였습니다.

그래서 그의 학창시절은 그리 아름답지 못했습니다. 그는 칠 개월 만에 학교에서 도망치기도 했고 자살 시도까지 했습니다. 결국 정신병원에 입원해야 했죠. 훗날 그는 이러한 절망적인 학교 생활을 대단히 비판적으로 묘사한 자전적 소설인 『수레바퀴 아래서』를 쓰게 됩니다.

16세에 학업을 중단한 그는 서점에 들어갔지만, 이틀 만에 그만두고 방황하다가, 2년 동안 시계공장에서 실습 생활을 했어요.

문인이 되기로 결심한 그는 방황을 멈추고 튀빙겐 시의 헤켄하우어 서점에서 일하기 시작했습니다. 이때부터 본격적으로 글쓰기를 시도했죠. 글쓰기를 하면서 그의 마음에도 안정이 찾아들었습니다. 서점에서 일한 지 3년 만에 그는 첫 시집인 『낭만적인 노래들』을 출간했습니다. 1904년 스물일곱의 나이에 발표한 소설인 『페터 카멘친트(향수)』로 그는 독일에서 일약 유명해졌죠.

그즈음에 그는 인도 여행을 하며 식민지 생활의 부당함과 유럽 제국주의의 문제점에 대해서도 눈을 뜨게 됩니다.

1914년에 제1차 세계 대전이 발발하자 그는 군 입대를 자원했지만 부적격 판정을 받았죠. 그래서 그는 스위스 베른에 있는 독일 포로구호기구에서 일하면서 전쟁 포로들을 위한 잡지를 발행했습니다.

그는 전쟁에 열광하는 독일의 지식인과 국민에 대하여 실망감을 갖기 시작했죠. 그가 전쟁에 대해 매우 비판적인 입장을 드러내자, 독일의 극우파는 그를 매국노라고 낙인을 찍어버렸지요.

그러나 그는 용감하게도 광신적 민족주의와 전쟁 열광에 대해 비판적이고 정치적인 입장을 지속적으로 논문과 편지로써 펼치는 동시에 전쟁포로를 위한 실천적 봉사도 꾸준히 했습니다.

그에게 민족주의는 진정한 자아를 찾는 길이 아니었습니다. 즉, 민족주의는 권위적인 아버지의 집을 확대한 것에 불과한 것이었죠. 헤세는 민족주의가 세계 평화가 아니라 세계 전쟁으로 이끄는 잘못된 길이라고 생각했습니다.

전쟁이 끝나고 헤세는 싱클레어라는 익명으로 『데미안, 에밀 싱클레어의 젊음 이야기』를 발표했습니다. 그는 계속해서 『나르치스와 골드문트(지와 사랑)』와 『유리알 유희』와 같은 걸작을 집필했죠.

나치가 권력을 잡은 독일에서 민족주의를 비판한 헤세의 작품은 불온하다고 간주되어 그의 대부분의 저서가 출판이 중단되었습니다. 제2차 세계 대전이 끝난 이듬해인 1946년에야 비로소 그의 작품이 다시 독일에서 출판되기 시작했죠. 같은 해에 그는 프랑크푸르트 시의 괴테 문학상을 수상했고, 노벨 문학상도 받았습니다. 명문학교도 거부하며 학업을 중단한 그가 세계 최고의 지성 반열에 오른 것이죠. 그는 1962년에 세상을 떠났습니다.

2 작품에 대하여

제1차 세계 대전 직후 그가 싱클레어라는 익명으로 발표한 『데미안, 에밀 싱클레어의 젊음 이야기』는 이러한 그의 삶의 여정이 잘 드러나 있습니다. 주인공 싱클레어가 살아온 삶이 헤르만 헤세 그 자신의 것이기도 하죠. 참된 나를 찾기 위해 나를 찢는 투쟁으로서의 삶이 그것이에요. 그래서 『데미안』은 청소년을 위한 대표적인 교양소설입니다.

교양이라는 말은 현대의 교육에서는 사라진 말입니다. 교양은 양적인 평가의 대상이 되기 어렵기 때문이죠. 교양이란 나를 지적인 면과 인격적인 면에서 가꾸고 단련하는 작업을 의미하죠. 교양이라는 말의 원래 의미는 자기 계발입니다. 즉, 아무것도 모르는 철부지에서 지성적 통찰력과 뛰어난 덕성을 지닌 인격체로 성장하는 것을 뜻합니다.

따라서 교양소설이란 일종의 성장소설입니다. 성장이란 성숙한 사람이 된다는 뜻이죠. 우리말로 치면, "사람이 된다"고 하는 것이 이를 가리킵니다. 사람 된다는 것은 전통적인 우리의 언어로는 자기 수양(修養)을 가리킵니다. 자기 수양이란 자신을 가꾸어 본래의 마음을 회복하는 것이죠. 본래의 마음을 회복하는 것을 헤세는 진정한 나를 찾는 것이라고 말한 것이죠.

『데미안』은 미성숙한 청소년이 진정한 내가 되는 과정을 그린 교양소설입니다. 성장은 혼자서 하기 어렵습니다. 육체의 성장에는 부모님의 노고가 있듯이, 정신적인 성숙에는 멘토의 자극이 있기 마련이에요. 멘토로 인해 통찰과 자각의 계기가 마련되죠. 그래서 누구나 좋은 멘토를 만나기를 원합니다. 어른들도 길을 헤맬 때 과거에 멘토였던 분을 그리워하게 되어 있죠. 그래서 지금 어른이 된 많은 중년들에게 『데미안』은 여전히 소중한 청춘의 기억인 것이죠.

3 작품의 화두(話頭)에 대하여

청소년기에 접어들면 전에 없던 물음들이 갑자기 생겨납니다. 나를 찾는다는 것은 자유를 찾는 것입니다. 자유란 내 진정한 욕망의 실현입니다. 그런데 우리는 가짜 욕망을 갖기도 하죠. 명문학교, 명품, 착한 몸매, 고급 자동차 등이 우리 마음을 지배하고 있습니다. 이것들이 우리 삶의 목표가 되죠.

이러한 가짜 욕망을 버리고 진짜 욕망을 갖기 위해서는 자신과의 치열한 투쟁이 필요합니다. 이런 이유로 내 마음은 곧 전쟁터가 되는 겁니다. 가짜 나와 진짜 나의 싸움. 이는 단지 나만의 싸움이 아니라 나를 둘러싼 두 세계의 싸움이기도 합니다.

스위스의 유명한 정신분석학자인 카를 융의 영향을 크게 받아서 헤세는 '나인 나'(철학자 니체의 구호)를 찾는 투쟁의 모험을 그리게 됩니다. 카를 융은 가짜 나인 에고(ego)와 진짜 나인 셀프(self)를 구분합니다. 에고는 셀프가 아닙니다. 에고에 집착하는 개인은 진짜 나를 찾은 것이 아니죠. 그는 여전히 자아분열로 괴로워하거

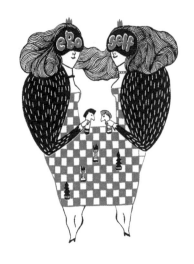

에고는 셀프가 아닙니다.
에고에 집착하는 개인은
진짜 나를
찾은 것이 아니죠.

나 자아도취에 빠져 있을 뿐입니다. 에고란 왜곡된 나의 이미지에 불과한 것입니다. 에고에 대한 집착을 불교에서는 아집(我執)이라고 부릅니다. 자아에 대한 집착이 괴로움의 근원이죠.

주인공 싱클레어가 부모님의 기대에 부흥하기 위해 보여주는 모습이나 힘 센 친구에게 협박을 당하며 두려워하는 모습 등등은 모두 가짜 나인 에고에 지나지 않아요. 그의 진짜 나인 셀프는 이를 찾도록 끊임없이 도와준 데미안이었던 것이죠. 그래서 그가 자신의 셀프를 찾았을 때 그가 본 자신의 참된 자기는 데미안의 얼굴을 닮았던 것입니다.

『데미안』의 철학적 읽기에 필요한 몇 장면들

1 선과 악의 두 세계

우리는 두 세계 속에 살고 있습니다. 세계는 밝은 세계와 어두운 세계로 나뉘죠. 밝은 세계는 아버지의 집으로 대표되는 평온하고 질서정연한 세계, 하지만 반쪽이며 가상일 수도 있는 세계입니다. 반면에 어두운 세계는 시인 또는 광인의 세계, 예언자 또는 범죄자의 이중적 세계, 그러나 진정한 자기를 찾기 위해 버릴 수 없는 세계이죠.

밝은 세계는 아버지의 집, 기성 종교와 도덕으로 대표되죠. 주인공 싱클레어에게는 기독교이겠죠. 우리에게는 유교가 이에 해당하지요. 데미안이 보기에 아버지의 집과 기독교는 선과 악, 순결과 불순, 밝음과 어둠의 이분법적인 논리를 강요하는 문제점이 있습니다. 이런 이분법적인 논리로 볼 때 어두운 세계는 범죄와 성욕으로 가득한 곳에 불과해요. 데미안에게는 기독교적인 해석, 우리에게는 유교적인 해석은 밝음과 순결을 강조하여 이러한 어두운 세계를 배척합니다. 유교가 지배한 조선의 역사에서 순결의 논리가 얼마나 많은 과부들의 삶을 억압했던가요?

그러나 어두운 세계는 반드시 내 안에 존재하고 있습니다. 내 안에 또 내가 있어요. 그러나 내 안에 존재하는 어둠의 세계는 밝은 세계인 아버지와 기독교 같은 기성의 도덕과 종교의 시각에서 볼 때만 부정적인 것이죠. 이런 시각에서 벗어나 다른 눈으로 본다면, 어둠의 세계는 동시에 시인과 예언자의 창조성이 드러나는 긍정적인 세계이기도 합니다.

예를 들어 앞에서 「가시나무새」의 가사는 내 안의 어둠을 이야기하지만 여전히 그 어둠을 어둡게만 본다는 점이 문제입니다. 이 가사는 여전히 관습적인 아버지와 기독교적인 해석에 머물러 있습니다. 다시 말해서 이것은 여전히 밝음과 어둠의 이분법적인 논리에서 벗어나지 못하기 때문입니다. 그래서 이 가사를 지은 시인은 그 어두운 세계를 두려워하여 방황을 멈출 수 없어 사랑하는 사람조차도 자신의 마음에 받아들이기를 거부합니다.

기존의 나에서 벗어나려면 기독교와 유교의 선과 악의 이분법과 밝은 세계와 어두운 세계의 이원론에서 벗어나야 합니다. 기성의 도덕과 종교와는 다른 해석이 필요합니다. 성경에서 언급하는 최초의 살인자인 카인과 관련해서 이러한 다른 해석을 데미안은 제시합니다. 그는 카인을 살인자로 보는 기독교적인 해석 대신에 카인을 초인(위버맨쉬)과 같은 강인한 자로 보는 니체적인 해석을 싱클레어에게 보여주지요.

싱클레어는 아버지의 집이라는 밝은 세계의 삶에 대해 다음과 같이 이야기하지요. "어린 소년 시절에 우리 아버지가 예수 수난(受難)사를 낭독하시면 나는 열렬히 감동을 받아 아름답고 생명력 있는 세계 속에서 살았다. 바흐의 「마태 수난곡」을 들으면 이 세계의 음울하지만 힘찬 열정의 광채가 신비로운 전율로 다가온다."

그러나 예수와 함께 십자가에 못 박힌 도둑들 중에서 개종하지 않은 도둑에 대해 데미안은 '우리 아버지'와는 전혀 다른 해석을 하죠.

데미안은 기존의 해석에 물들어 있는 싱클레어에게 다른 해석을 말합니다. 기독교로 개종하지 않은 도둑은 "자신의 길을 끝까지 갔어. 그리고 자신이 거기까지 가도록 도와준 악마로부터 마지막 순간에 비겁하게 도망하지 않았어, 그는 당당한 개성을 가졌어. 성서 이야기에서는 개성을 가진 사람들이 자주 손해를 보지. 어쩌면 그도 카인의 후예일 거야."

진정한 나를 찾는 첫걸음은 기존의 해석인 '선과 악'의 이분법에서 벗어나는 것입니다. 왜 선과 악의 이분법이 문제인가요? 우리는 어린 시절부터 천사와 악마의 기준으로 모든 것을 바라보죠. 그 악마에, 뚱뚱하고 못생긴 사람도 포함되고 나와 생각과 행동이 다른 사람이 포함되기도 하죠. 이 악마들이 왕따의 대상이 되기도 합니다. 선과 악의 이분법은 이렇게 왕따 현상의 시작점인 것이죠.

기독교나 유교만이 아니라 현대의 광고도 이러한 선과 악의 이분법적인 논리를 구사합니다. 광고에서는 날씬한 몸매를 계속 매력적인 것으로 보여줍니다. 요즘 방송에서 흔하게 들을 수 있는 '착한 몸매.' 이 말은 우리의 육체가 광고의 소비 논리대로 선과 악의 이분법적인 대상이 됨을 보여줍니다. 뚱뚱한 몸은 악이고, 날씬한 몸은 선입니다. 살을 뺀다는 것은 구원입니다. 그래서 우리는 구원받기 위해서 헬스와 관련된 서비스와 상품을 열심히 소비합니다.

이와는 달리 데미안은 다른 해석을 보여줌으로써 싱클레어를 우물 안에서 나오게 합니다. 즉, 데미안으로 인해 그는 자신을 가둔 기존 시각의 알을 깨고 나오는 투쟁을 하게 되는 것이죠. 알이란 선과 악이라는 두 개의 실로 엮여 있는 가짜 욕망과 아집의 세계인 것입니다.

2 왜 나를 찾아야 하는가?

싱클레어는 이런 말을 합니다. "한 사람 한 사람의 삶은 자기 자신에게로 이르는 길이다. 길의 추구이며 오솔길의 암시다. 일찍이 그 어떤 사람도 완전히 자신 자신이 되어 본 적이 없었다. 그럼에도 누구나 자기 자신이 되려고 노력한다."

자신을 찾는 것은 학식의 문제가 아닙니다. 이것은 구도(求道)의 문제입니다. 그래서 진짜 자기를 찾기 위해서는 경전을 찢고 불상을 불태운 선승들처럼 치열한 부정의 자세가 필요하죠. 가짜 구원인 살을 뺄 때도 여성들도 이런 자세를 보여주긴 합니다!

그러나 부정에 집착하여 자기 안으로 수축되어서도 안 됩니다. 다시 말해 자기 내면에 빠져 헤어 나오지 못하면 안 된다는 것이죠. 본래 진정한 자기란 없기 때문입니다. 그래서 참된 자기를 찾는다는 것은 아집에서 벗어나 자아를 버리는 것입니다. 그저 나는 세계와 한 뿌리이고 만물과 하나이기 때문입니다.

나는 모든 사람이고 자연이고 세계인 것입니다. 이런 이유로 불교의 진리를 깨달은 선승(禪僧)에게는 삶도 좋고 죽음도 좋고, 매일 매일이 좋은 것입니다. 스피노자 식으로 말하면 운명, 즉 필연과 결합된 자유를 누리게 됩니다.

싱클레어에 의하면 일회적인 삶을 사는 개성이 강한 각각의 사람들은 본래 하나에서 기원한 것입니다. 그는 이 점에 대해서 다음과 같이 말하죠. "사람은 모두 유래가 같다. 똑같이 심층으로부터 비롯된 시도이며 던져짐이지만, 각자가 고유한 목적을 향하려고 노력한다. 우리가 서로를 이해할 수 있다."

그러나 자기를 찾는 길이 유아론적인 환상에 빠지라는 것은 아닙니다. 이 유아론적인 환상은 불교에서 말하는 아집(我執)에 불과하죠. 이러한 환상을 대표하는 것이 문학적으로는 무인도에서 혼자 살아가는 로빈슨 크루소이며 철학적으로는 데카르트의 생각하는 자아(코기토)입니다. 진정한 나는 자유주의나 개인주의가 말하듯이 고립적인 섬처럼 존재하는 개인이 아닙니다.

나는 세계 바깥에 존재하는 개인도 아니고 의식도 아닙니다. 나는 세계와 한 뿌리이고 만물과 하나입니다. 이것이 하이데거가 말하는 '인간이 세계 안에 있다'는 말의 의미입니다. 나는 이미 세계에 던져져 있으며 세계의 모든 것과 관계하며 소통하는 존재입니다. 그래서 인간은 현존재(Dasein)입니다. 거기(da) 즉, 세계에 던져진 존재(sein)이죠. 이를 싱클레어는 "자연의 투척"이라고 표현했죠.

그렇지만, 동시에 싱클레어는 "각자만이 자기 스스로 (삶과 세계의 의미를) 해석할 수 있다."고 했어요. 인간 각자는 실존으로서 자신과 세계가 존재하는 의미, 더 나아가 존재진리를 드러낼 수 있습니다. 진정으로 나를 찾은 사람은 세계와 만물과 올바르게 소통하며 관계하는 자로서 동시에 진정한 자신의 개성을 발휘할 수 있는 것이죠.

반면에 세계라는 뿌리 없이 존재하는 현대의 개인은 진정한 개성이 아니라 매스미디어에 의해 만들어진 유행을 따를 뿐입니다. 유행이란 만들어진 기성품에 불과합니다. 따라서 유행은 진정한 개성이 아니라 획일화된 가짜 개성에 불과합니다.

3 초월의 단계

진정한 나를 찾기 위해서는 일단 기존의 해석에서 벗어나야 합니다. 이 벗어남을 철학자들은 초월이라고 부릅니다. 그런데 초월의 첫 단계는 괴롭게도 회의와 절망입니다. 다른 모든 사람들은 봄날의 축제를 즐기는데 나만 홀로 절망하고 괴로워하는 어리석은 사람처럼 보이죠.

그러면서도 삶은 육체적인 쾌락주의에 빠져듭니다. 술과 낭만의 나날이 이어지죠. 이러한 자신의 삶을 견디지 못해 싱클레어는 자신을 "인간 폐물이자 신전 모독자"라고 규정합니다. 그러면서도 이러한 방황과 방탕에서 벗어나지 못합니다. 왜냐하면 이런 자기 고발에 따른 전율과 쾌락의 이중주가 펼쳐지기 때문이지요.

이때 참된 자기로 가는 길을 방해하는 우상(偶像)들이 하나의 이상(理想)의 모습을 하고 출현합니다. 젊은이에게 첫 번째로 등장하는 우상은 사랑이기 마련이지요. 그리고 열정이라는 질병에 걸립니다.

그 다음으로 등장하는 우상은 낭만적인 고대 숭배입니다. 태고(太古)적인 과거로 돌아가고 싶은 충동에 빠져 신화나 신앙에 몰두합니다. 심지어 과거에 지구를 찾아왔다고 믿어지는 외계인들의 흔적을 열렬히 찾아 나서기도 합니다.

싱클레어는 한때 과거의 "신화 예배, 전승된 신앙 형식을 모자이크처럼 짜 맞추는 놀이"에 열중하는 피스토리우스에게 빠져듭니다. 다시 말해서 그는 낭만주의라는 퇴행에 빠진 것이죠. 이는 좋았던 과거에 집착하는 태도에 불과해요. 이러한 태도는 자기의 진짜 꿈 이야기를 하는 것이 아니고 이미 낡은 이야기를 반복하는 것이기에 쾌쾌한 "골동품 냄새"가 진동하게 마련이죠.

싱클레어는 낡고 쾌쾌한 피스토리우스를 비판적으로 바라보게 됩니다. 그는 피스토리우스에 대해 다음과 같이 말하지요. "그는 과거를 향한 구도자였다. 그는 낭만주의자였다. 그리고 갑자기 나는 느끼게 되었다. 피스토리우스는, 그가 나에게 준 것을 자신에게 줄 수 없었으며 내 눈에 비쳤던 그의 모습도 그의 실체는 아니었다는 사실을. 그는 길잡이인 그를 훨씬 뛰어넘고 그를 버렸던 길로 나를 인도했던 것이다."

싱클레어에게 세 번째의 우상이 나타났습니다. 그 우상은 금욕(禁慾)이라는 또 다른 질병이죠. 금욕이 질병인 이유는 다음과 같습니다. 금욕주의자는 순수성과 정결함에 지나친 갈망으로 자신의 관능적 욕망을 누를 길이 없어 돼지와 같은 자신의 삶을 혐오하게 됩니다. 순결한 자신을 찾기 위해 현실적인 자신을 부정적으로 바라보게 됩니다.

그래서 금욕주의자는 이상과 현실이라는 거대한 틈 속에서 괴로워하며 살아가기 마련입니다. 이상과 현실로 분열된 금욕주의자의 정신은 이상이라는 망상에 빠진 정신분열증 환자인 것입니다. 금욕주의를 가장 날카롭게 비판한 니체는 유럽이 기독교라는 금욕주의적 도덕에 의해 거대한 정신병원이 되어버렸다고 통탄하지요.

소설에서도 싱클레어의 친구인 금욕주의자 크나우어는 이러한 괴로움을 이기지 못해 자살을 시도하지요. 그는 이러한 크나우어에게 다음과 같이 이야기합니다. "넌 길을 잘못 들어 헤맸던 거야. 그냥 길을 잘못 들었던 거라구! 그리고 우린 네 생각처럼 돼지가 아니야. 우린 인간이야. 우린 신을 만들고 신들과 싸우지. 그러면 신들이 우리를 축복해."

싱클레어는 육체적인 사랑의 열정, 고대에 대한 낭만적인 숭배, 그리고 순결함에 대한 금욕주의자의 집착이라는 우상들에 빠지면서도 여기에서 빠져나오기 위한 투쟁을 계속 합니다. 그의 말대로 하면 과거 우리가 만들어낸 신들과의 투쟁이 시작됩니다.

기존의 신들이란 아버지의 집이나 기독교와 유교 같은 기성 종교와 도덕의 규범들과 육체적 사랑이나 낭만주의와 같은 세속적인 가치들도 뜻합니다. 기존의 신과 싸운다는 것은 기존의 가치를 부수고 새로운 가치를 세우는 일인 것이죠. 이를 니체는 가치의 전환이라고 불렀어요.

이 점과 관련해서 싱클레어가 말했듯이 피스토리우스조차 그 스스로 "마음속 가장 깊은 곳에서 잘 알듯이, 새로운 것은 새롭고도 달라야 한다."는 것이죠. 그러니 기존의 신과의 싸움은 "새 땅에서 솟아야지. 수집되거나 도서관에서 길어내어져서는 안 된다는 것을" 명심해야 합니다.

그의 말대로 피스토리우스의 "직분은 어쩌면, 나에게 해주었듯이, 인간이 자신에게로 이르도록 돕는 일일 것이다." 그러나 사람들이 들어보지 못한 "전대미문의 것, 새로운 신들을 제시하는 것, 그것은 그의 직분이 아니었다."

여기서 싱클레어는 불꽃같은 깨달음을 얻게 됩니다. 새로운 신들을 제시하기 위해 과거의 망각된 신들을 도로 찾는 것은 다른 우상에 빠지는 것이죠. 또 현재의 육체적이고 소비적인 쾌락도 새로운 신을 제시하는 것은 아닙니다. 새로운 신이란 이런 우상들이 아닙니다.

새로운 신이란 우선 아무것도 아닌 것, 즉 무(無)나 공(空)으로 등장합니다. 우상을 파괴하는 일은 다시 우상을 세우지 않는 것도 중요합니다. 무나 공은 이렇듯 우상을 세우지 않음을 상징하는 말이죠.

싱클레어도 우상을 세우지 않는 것의 중요성을 깨닫습니다. 그는 말합니다. "나는 자주 미래의 영상을 가지고 유희했다. 어쩌면 시인으로 혹은 예언자로, 혹은 화가로 혹은 어떻게든 나를 위하여 예비되었을 역할들을 꿈꾸곤 했었다. 그 모든 것이 아무것도 아니었다."

싱클레어가 지금까지 그린 나의 비전들은 아무것도 아니었습니다. 기존의 우상에서 벗어나는 것이 중요한 일이지 비전이니 꿈이니 하는 말로 자꾸 우상을 다시 세우는 것은 여전히 초월이 아닙니다. 초월이란 이렇게 기존의 우상을 파괴하고 우물 안과 같은 기성의 현실에서 벗어나는 것입니다.

깨달았다고 해서 처음부터 마음의 안정과 세상과의 평화가 오는 것은 아닙니다. 이렇게 깨달은 나는 아무것도 없는 무(無)로 던져집니다. 철저하게 고독을 맛보죠. 이에서 벗어나기 위해 또 다시 우상을 세우는 것은 이런 무와 고독을 두려워하기 때문입니다.

싱클레어는 이 점을 다음과 같이 멋지게 표현합니다. "누구나 관심 가질 일은, 아무래도 좋은 운명 하나가 아니라, 자신의 운명을 찾아내는 것이며, 운명을 자신 속에서 완전히 그리고 굴절 없이 다 살아내는 일이었다. 다른 모든 것은 반쪽의 얼치기였다. 시도를 벗어남이고, 패거리의 이상(理想)으로의 재도피이고, 무비판적인 적응이자 자기 자신에 대한 두려움이었다."

말하자면, 히틀러의 민족주의도, 진정한 초월이 주는 무와 고독을 두려워하여 다시 패거리의 이상으로 도피한 것에 불과합니다.

이러한 무와 고독의 공포에서 방황하던 싱클레어는 데미안의 어머니인 에바 부인을 만나게 됩니다. 그는 모든 존재의 어머니의 상징인 에바 부인을 통해 "친한 길들이 서로 만나는 곳, 거기서는 온 세계가 잠깐 고향처럼" 보인다는 것을 깨닫게 됩니다. 그는 이 고향의 집에 아들이자 형제처럼, 또한 연인처럼 드나들었습니다.

그러나 이 고향의 집 "바깥에는 현실이 있었다."고 싱클레어는 불안한 듯 말하지요. 다수의 사람과 그는 단지 어떤 경계선에 의해 갈라져 있는 벌판 위에 서 있는 것이 아닙니다. 그와 다른 사람은 "오로지 다르게 바라봄에 의하여 갈라져" 있는 것에 불과합니다.

유럽 전역에 전쟁의 전조가 일고 있는 일촉즉발의 상황에서도 싱클레어는 에바 부인과의 만남 이후 행복한 생활의 맛을 봅니다. 그러나 경고의 목소리가 들리죠. 그래서 싱클레어는 다음과 독백을 합니다. "그걸로 내가 무얼 이루었는가? 아무것도! 아무것도 이룬 것은 없었다."

이런 현실에서 그의 과제는 "세계 안에서 하나의 섬을 제시하는 것, 어쩌면 하나의 모범을, 아무튼 살아가는 다른 가능성을 알리는 것이었다." 싱클레어는 민족주의나 전쟁에 열광하는 대중들에게 이것은 여전히 또 다른 우상에 불과하며 이와는 다른 평화로운 삶의 방식을 제시하기를 원하죠. 결국, 기존의 신이라는 우상을 버리고 찾은 새로운 신이란 다른 삶의 가능성을 의미하지요.

이렇게 다른 삶의 방식을 제시하고 싶은 열망에 사로잡힌 싱클레어는 다시 전쟁터에서 데미안과 재회하게 됩니다. 부상으로 죽어가는 데미안과의 키스를 통해 그는 유럽의 정신적 황폐화와 영혼 상실의 위기에서 유럽의 구원이 추구되며 동시에 인류의 구원이 추구된다는 것을 깨닫게 되지요. 싱클레어가 '나'의 구원으로 시작한 길은 인류 구원으로 끝을 맺습니다. 왜냐하면 장자의 깨달음처럼 하늘과 땅은 나와 한 뿌리이며 만물은 나와 한 몸이기 때문이지요.

1 선과 악의 이분법 극복하기

니체의 유명한 작품 가운데 하나가 『선과 악을 넘어서』입니다. 선과 악, 즉 좋음과 나쁨을 구분하는 것은 노예의 도덕이죠. 예를 들어 독일 민족은 선이고, 유태인은 악입니다. 그래서 선의 화신(아바타)이 악의 화신을 죽이는 것은 당연한 것입니다. 이것이 바로 전쟁광의 논리이죠.

이런 식으로 인류의 역사에서 수많은 전쟁과 학살이 일어났습니다. 가장 최근에는 구(舊)유고연방이 여러 나라로 나뉘면서 자행된 끔찍한 인종청소가 있었으며, 존재하지 않은 대량살상무기를 빌미로 미국이 일으킨 이라크 전쟁이 있습니다. 상징적이게도 그 당시 미국의 부시 대통령은 이라크나 북한을 "악의 축"으로 선언했지요.

우리 국사 교과서도 이런 논리로부터 자유롭지 않습니다. 우리 민족은 절대선이고 우리 민족과 싸움을 벌인 민족들은 절대악입니다. 축구에도 이런 논리로 무장한 사람들이 있죠. 그들을 일컬어 우리는 훌리건이라고 합니다.

우리 안에도 이런 논리가 지역주의나 학벌주의로 나타나기도 합니다. 특정 지역 사람들을 '깽깽이'라고 부른다든지, '지방 잡대 출신'이라는 말로 지방의 대학 출신들을 비하한다든지, 동남아인들에 대하여 불편한 시각을 갖는다든지, 아니면 성적 소수자나 혼혈아들을 비정상으로 바라보는 데서 이런 이분법의 논리가 잘 드러납니다.

선과 악의 이분법은, 선은 중심이 되고 악은 주변이 되는 자기중심적인 논리를 낳습니다. 그래서 선과 악의 이분법은, 자신은 선이 되고 타자는 악이 되는 아집이 되기도 합니다. 이런 아집과 자아중심성은 나치 독일처럼 전쟁과 폭력의 원천이 되죠. 제국주의란 공격적이고 병적인 민족주의입니다.

니체는 이러한 전쟁과 폭력의 논리에서 자유롭기 위해 '선과 악을 넘어서'를 외친 것입니다.

그런데 우리는 선과 악을 어디서 배우는가요? 어린 시절의 집과 학교에서 배운 도덕교육이 그것이죠. 이 도덕이 프랑스의 유명한 정신분석학자인 라캉이 말한 '아버지의 이름'입니다.

이 이분법을 극복하기 위해서는 동양의 니체라고 불리는 장자가 제시한 가치의 상대성을 알아야 합니다. 상대성이란 가치를 중심과 주변으로 나누어 각기 이러한 분리를 절대화하는 것을 비판하는 것을 말하죠. 장자는「제물론」에서 이렇게 말합니다.

"작은 풀줄기와 큰 기둥, 문둥병 환자와 미인 서시를 대조해 본다면, 매우 괴이하고 야릇한 대조이지만, 참된 도(道)의 입장에서는 다 같이 하나가 된다. 한쪽에서의 흩어짐은 다른 쪽에서의 건설이며, 한쪽에서의 완성은 다른 쪽에서의 파괴이다. 모든 사물은 완성이건 파괴이건 다 같이 하나이다."

이런 상대성에 눈을 뜨게 되면, 어떤 경지에 이르나요? 장자는 이렇게 말합니다.

"이 세상에 가을 짐승의 털끝보다 큰 것은 없고, 태산은 작다고 할 수 있다. 어려서 죽은 아이보다 장수한 자는 없고, (오래 산 것으로 유명한) 팽조는 일찍 죽은 자가 된다. 천지와 나는 함께 살아가고 만물은 나와 하나이다. 이미 하나이니 또 달리 말이 필요하겠는가?"

이렇듯 장자는 자아중심적인 논리인 이분법에서 벗어나 문둥이와 미인이 다를 바가 없다는 모두가 하나가 되는 상대성의 논리를 제시합니다. 이 논리로부터 앞에서 계속 인용한 "천지는 나와 한 뿌리이며 만물은 나와 한 몸"이라는 말이 나온 것이죠.

니체는 이러한 논리를 노예 도덕이 아니라 주인 도덕이라고 하죠. 여기서 주인이란, 다른 사람을 노예로 부리는 신분상의 의미가 아니라 내가 내 삶의 주체라는 뜻입니다. 다시 말해서 내가 가짜 욕망과 도덕에서 벗어나 내 생명력을 충만하게 누리며 살아감을 의미하죠.

주인 도덕은 선과 악의 절대 구분에서 벗어나 생명력이 부족한 회색의 삶 대신에 생명력이 충만한 청색의 삶을 사는 것을 뜻합니다. 노예 도덕에서 주인 도덕으로 바뀌려면 자신과 세계를 바라보는 시각이 바뀌어야 합니다.

장자는 기존의 아집적인 시각을 우물 안 개구리에 비유하죠. 우물 안 개구리가 어찌 큰 바다를 알 수 있겠는가? 해석을 바꾼다는 것은 곧 시야가 탁 트이는 것을 말합니다.

그런데 그 시야가 탁 트이기 위해서는 좁은 우물에서 나와야 합니다. 좁은 우물이 가짜 자아인 에고이며 그 에고의 사고방식은 선과 악의 이분법이죠.

『데미안』에 나오는 카인에 대한 데미안의 새로운 해석은, 니체의 해체 철학과 카를 융의 정신분석학의 영향 속에서 이루어진 것입니다. 기독교적인 전통과는 다른 것이죠. 데미안에게 있어 카인은, 동생을 죽인 살인자이자 인류 최초의 범죄자가 아니라, 자신을 찾으려고 투쟁하는 초인으로서 강인한 자입니다.

『데미안』에서 선과 악의 이분법을 극복하기 위해 제시된 신이 압락사스입니다. 압락사스는 밝은 세계와 어두운 세계가 하나라는 것을 상징하는 신이죠. 원래 압락사스는 카를 융이 번역하고 풀이한 『죽은 자을 위한 일곱 설교』에 나오는 신입니다. 그 신은 기독교의 신과 악마보다 고차원적인 신이지요. 그 신은 모든 대립하는 것들을 하나로 통일하려고 시도한 그리스와 로마의 기독교 신비주의자들이 추구했던 신입니다.

장자가 말한 상대성이란 압락사스 신처럼 대립을 하나로 통일하는 것이지요. 이것에 의하면, 김태희는 예쁘지 않고 이영자는 예쁩니다. 내 키, 내 몸무게 모두 절대적으로 작거나 뚱뚱한 것이 아닙니다. 선과 미의 상대성을 모를 때 우리는 허상에 사로잡힙니다. 키가 더 컸으면 좋겠다. 살이 빠졌으면 좋겠다. 돈이 많았으면 좋겠다. 자신의 왜곡된 이미지의 포로가 되어 자신에 대한 불만이 날로 늘어갑니다.

이상적인 자아상을 그리면서 현실의 자아를 부정하는 것은 진정한 나를 찾는 투쟁이 아닙니다. 도리어 에고로 인해 셀프를 잃어버리는 것이죠. 결론적으로 선과 악의 이분법은 나를 잃어버리는 논리입니다.

2 나를 찾는 투쟁의 과정

카를 융에 의하면 알을 깨고 나오는 투쟁은 다음과 같습니다. 첫 번째로 참된 나(self)를 찾기 위해서는 기존의 나(ego)를 떠나야 합니다. 이것이 초월이죠.

두 번째로, 나는 세계입니다. 즉, 나는 세계와 분리된 고립된 원자가 아닙니다. 그래서 (참된) 나를 찾는다는 것은 (참된) 세상(데미안이 말한 사랑의 형제 공동체)을 만드는 것입니다. 이것이 세계로의 복귀(復歸)이죠.

그런데 왜 나는 자신을 찾아야 하는가요? 인간 하나하나는 "자연의 단 한 번의 소중한 시도"여서 누구나 윤회가 있건 없건 현재와 같은 자신의 모습으로 우주의 전체 역사에서 오직 일회적으로 살아가기 때문입니다.

그러나 앞에서 이야기했듯이 미성숙한 사람에게는 우선 데미안과 같은 멘토가 필요하지요. 그렇지만 싱클레어가 선언했듯이 "자신을 다스리고, 나의 길을 찾아내는 것은 내 자신의 일이었던 것이다." 이미 앞에서 본 것처럼 본래부터 데미안은 나의 진정한 나였던 것이다.

하지만 싱클레어가 알았듯이 "자기 자신에게로 인도하는 길을 가는 것보다 더 인간에게 거슬리는 것은 세상에 아무것도 없다." 다시 말해서 자신을 찾는 길은 자신에게 가장 괴롭고 힘든 길입니다.

그래서 싱클레어는 자신을 찾는 일을 투쟁이라고 표현합니다. "새는 알에서 나오려고 투쟁한다. 알은 세계이다. 태어나려는 자는 하나의 세계를 깨뜨려야 한다. 새는 신에게로 날아간다. 신의 이름은 압락사스."

이렇게 자유를 향한 자유를 실현하기 위해 나를 찾는 구도의 과정은 자유를 억압하는 모든 것과의 투쟁입니다. 『데미안』에서는 나를 찾는 과정이 바로 아버지의 집, 종교 및 도덕의 스승과의 투쟁이죠.

아버지와 종교는 어떤 존재인가요? 이는 곧, 허용과 금지를 명령하는 존재입니다. 그 아버지와 기독교가 '허락한 세계'는 데미안의 말처럼 세계의 절반에 불과하죠. 기성 세계에 안주하는 것은 "편안함의 문제"입니다.

데미안은 이를 다음과 같이 표현합니다. "지나치게 편안해서 스스로 생각하고 스스로 자신의 판결자가 되지 못하는 사람은 금지된 것 속으로 그냥 순응해 들어가지. 늘 그러게 마련이듯이 그런 사람은 살기가 쉬워."

이에 비해, 자기를 찾는 삶은 일종의 모험이며 실험입니다. 이를 프랑스의 현대 철학자 미셸 푸코는 '실존의 미학'이라고 부른답니다. 자신의 삶을 하나의 예술작품처럼 완성하기 위해서는 기존 삶과 세계의 한계를 극한까지 체험해야 하는 불편함을 견뎌야 하죠. 이 말의 뜻은 뭘까요?

예를 들어봅시다. 현대 프랑스 철학자로 유명한 질 들뢰즈는 푸코에 대해 이렇게 말합니다. "사유(思惟)가 이론의 문제였던 적은 결코 없습니다. 삶의 문제들이었지요. 삶 자체였기도 합니다. …… (푸코에게) 사유한다는 것, 그것은 항시 실험한다는 것입니다. 주석을 다는 것이 아니라 실험하는 것이고, 또는 실험이란 현행적인 것, 태어나는 것, 새로운 것, 한창 이루어지고 있는 것을 말합니다. …… 우리 자신의 비판적 존재론은 현재에 대한 우리의 비판이 우리에게 부과되어 있는 한계들을 역사적으로 분석하는 동시에 그러한 한계들을 넘어갈 수 있는 가능성을 시험하는 태도

이며, 에토스이며, 철학하는 삶입니다."

들뢰즈는 푸코의 철학을 한계와 위반의 철학으로 논했습니다. 푸코에게 철학적인 삶이란 우리가 현재 살고 있는 삶의 한계를 묻고 이를 넘어설 수 있는 가능성을 실험하는 삶입니다. 나의 삶이란 타인과 자연이 함께 놓인 세계와 분리되지 않습니다. 한계를 묻고 위반의 가능성을 시험한다는 것은 익숙하고 편안한 공간과 시각을 벗어나는 어려움을 겪기 마련이죠.

푸코가 계승한 니체의 철학은 19세기에 행해진 것이지만 19세기에서 완전히 벗어난 것이어서 당대에는 환영받지 못했습니다. 니체가 의식을 잃어버릴 즈음 거꾸로 그는 유명해지기 시작했죠. 19세기 마지막 해인 1900년에 그가 죽었다는 것은 매우 상징적인 의미가 있습니다. 니체의 육신은 19세기와 더불어 사라졌지만 '나인 나'를 찾는 모험인 그의 철학은 20세기를 대표하는 철학이 되었습니다.

청소년이 자의식을 갖기 시작하면 유년의 의지처가 사라지고, 익숙하던 것들이 멀어질 때, 사랑하던 모든 것이 떠나갑니다. 그러면 나는 절망적인 고독과 이 우주에서 나 혼자라는 끔찍한 추위에 휩싸이죠.

이때, 유년이 끝남을 알려주는 '다른 세계'가 다가옵니다. '다른 세계'는 유년의 밝은 세계와 대비되는 '어두운 세계'입니다. 한때는 프란츠 크로머, 이제는 데미안이 싱클레어 자신 속에 박혀 있는 가시가 됩니다. 이 가시로 인해 이 밝은 유년의 세계가 마야(환상)임을 알게 되죠. 그래서 싱클레어의 역사는 "무의미와 혼란, 착란과 꿈"의 맛이 나죠. 이 마야인 세계에서 떠나 놀아야 할 운명임을 그는 느끼게 됩니다.

이것이 장자가 말한 소요유(逍遙遊)입니다. 소요유란 경쟁과 소유욕에서 벗어나 실용성을 고려하지 않은 채 그야말로 하릴없이 소요하며 노니는 것입니다. 이를 서양 철학에서는 초월이라고 하죠. 초월이란, 플라톤의 동굴 비유에서 보자면, 동굴 밖으로 나가는 것과 같습니다.

청소년이란 일종의 초월이 시작되는 시기입니다. 그러나 다시 돌아오는 것도 잊지 말아야 하죠. 비록 초월을 추구하더라도 출발점도 인간 세상이요 다시 돌아올 곳도 인간 세상임을 잊어서는 안 됩니다.

장자가 말한 것처럼 초월적인 도(道)는 가장 현실을 상징하는 똥과 오줌에도 있습니다. 선승들이 말하는 것처럼 매일 매일의 현실이 깨달음과 같은 좋은 날이죠.

3 정신의 변형과 존재의 바뀜

전쟁의 한가운데서 싱클레어는 인간을 과소평가했음을 알게 됩니다. "그렇게 봉사와 공동의 위험이 그들을 제아무리 제복을 입혀 획일화해 놓았어도 나는 많은 사람들, 살아 있는 사람들, 죽어가는 사람들이 운명의 의지에 눈부시도록 접근하는 것을 보았다."

전쟁의 외적이고 정치적인 목적과 달리 깊은 곳에서 무엇인가가 생성되고 있었습니다. 싱클레어는 이를 "새로운 인간성 같은 무엇"이라고 말하지요.

그래서 그는 이제 "거대한 새가 알에서 나오려고 투쟁하고 있었다. 알은 세계였고 세계는 짓부수어져야 했다."고 말합니다.

깨달음은 '정신의 변형'이자 '존재의 바뀜'입니다. 이 깨달음의 완성은 사회에 다른 삶의 가능성을 보여주는 것이죠. 구원이란 혼자만의 것이 아닙니다. 보다 높은 새로운 공동체로서 구원이 완성됩니다. 초월을 하면 하강해야 합니다. 초월의 지혜는 하강의 사랑 (자비)과 결합되어야 하죠.

불교는 초월의 깨달음과 복귀의 자비를 이렇게 아름답게 표현했습니다. "상구보리 하화중생(上求菩提下化衆生)." 번역하면 다음과 같습니다. "위로는 지혜를 추구하며 아래로는 중생을 자비로 교화한다."

반면에 기독교에서는 지혜보다 사랑이 강조됩니다. 지혜가 아니라 신의 사랑에 대한 믿음으로 구원을 얻습니다. 신의 아들인 예수가 사람의 아들로 태어난 것은 신의 사랑을 뜻하죠.

그래서 보통 종교를 구분할 때, 불교는 지혜의 종교로, 기독교는 신앙의 종교로 불립니다. 그렇지만 두 종교 다 자비와 사랑을 강조합니다.

헤세가 『데미안』에서 그린 평화의 유럽 공동체는 이러한 사랑의 결합체인 것입니다. 진정한 나를 찾은 자는 타인과 자연과 평화로운 공동체를 형성하게 됩니다.

반면에 자아중심적이고 인간중심적인 논리에 사로잡힌 거만한 나(기존의 유럽의 휴머니즘)는 타인과 자연을 지배하려고 듭니다. 심지어 자기 자신도 지배하려고 하죠. 자신의 계산적인 이성으로 진정한 충동을 억누르려고만 합니다. 영화「죽은 시인의 사회」에서 시험용 문학에서 벗어나지 못하는 학생들에게 키플링 선생님께서 문학 교과서를 찢게 하는 장면이 있어요. 학교가 문법이나 규칙으로 학생들의 자유로운 시적 발상을 막기 때문이지요.

현대 자본주의 사회는 자유롭게 욕망을 추구하는 것처럼 보이지만 실제로는 계산에 종속된 가짜 욕망에 사로잡혀 진정한 자신의 욕망을 누리지 못합니다. 경쟁의 효율성이 삶의 진정한 논리인 것처럼 착각을 하지요.

이를 에리히 프롬은 '소유적인 삶의 방식'이라고 부릅니다. 불교에서는 아집이라고 했던 것이죠. 기독교에서는 자기를 버리지 못해 예수의 참된 제자가 되지 못하는 죄악의 삶이라고 규정합니다.

정신이 바뀌면 존재가 변화합니다. 소유적인 삶의 방식에서 존재적인 삶의 방식으로 변화한다는 의미입니다. 장자의 이야기를 들어보죠.

진인(眞人), 즉 참된 인간은 "요 임금을 (성군이라) 기리고, 걸왕을 (폭군이라) 비난하기보다는 양쪽을 다 잊고 도(道)와 하나가 된다." 도와 하나가 된다는 뜻은 "하늘과 땅은 나와 한 뿌리요, 만물은 나와 한 몸"이라는 점을 자각한다는 말입니다.

진정한 깨달음을 얻는 진짜 인간은 천지와 만물과 하나가 되는 것입니다. 현대적인 언어를 사용하면, 이는 평화로운 생태 공동체를 이룩하는 것이죠.

메마른 경쟁 사회에서 소유욕에 시달리며 살아가는 것은, "샘물이 말라 물고기가 (메마른) 땅 위에 모여 서로 (축축한) 물기를 끼얹고, 서로 물거품으로 적셔주는 것"에 불과합니다.

이런 소유 지향적인 삶은, 서로 경쟁하지 않으며 치열하게 다투지 않고 평화롭게 "(물이 가득한) 드넓은 강이나 호수에서 서로(의 존재)를 잊고 있는 것만 못한 것"입니다.

서로의 존재를 잊는다는 것, 즉 허상(虛像)에 불과한 좋은 것을 향해 무모하게 경쟁하지 않는 삶의 방식이 평화로운 생태 공동체를 이루는 전제가 됩니다.

하지만 평화로운 생태 공동체로 가는 길은 아직 요원합니다. 그래서인지 헤세도 이 공동체에 관한 대목을 대단히 상징적으로 그렸을 뿐입니다. 실제로 많은 비평가들이 이 작품 후반부의 이 대목을 매우 애매모호하다고 비판했죠.

그러나 대안이 불분명하다고 해서 현실에 안주하자는 것은 가장 큰 정신의 타락입니다. 타락하지 않으려면 한계 체험을 하고 기존의 삶을 위반하는 실험적인 모험 정신이 필요합니다. '나인 나'를 찾는 투쟁 과정의 끝이 인류와 자연의 평화로운 세계 공동체 형성이라고 그렸다는 점에서 헤세는 대단히 용기 있는 작가입니다.

나는 나를 찢는다!

서양의 대표적인 분석철학자인 비트겐슈타인도 '나인 나'를 찾기 위해 언어와 수학의 한계까지 탐구하며 철저한 우상 파괴의 태도를 견지하였습니다.

그는 데미안처럼 선불교적 스타일로 다음과 같이 말했습니다. "철학이 할 수 있는 것은 우상을 파괴하는 것이 전부이다. 그리고 그것은 우상이 부재한 상황에서 새로운 우상을 창조하지 않음을 뜻한다."

이런 식의 우상 파괴의 태도는 선사들의 삶과 수행에서 가장 잘 드러나지 않습니까? 선승 가운데 가장 과격한 기질을 보여준 이는 운문(雲門) 선사입니다. 운문은 과격한 우상 파괴자로서 한 법회의 설법에서 붓다의 탄생에 대해 언급합니다. 그가 당시에 붓다의 탄생을 목격했더라면 일격에 붓다를 죽여 육신을 개먹이로 주었을 것이라고 말하기까지 하죠.

니체가 반(反)기독교도로서 신을 살해한 것보다 운문이 불제자로서 불교의 창시자인 붓다를 살해한다는 것이 더 우상 파괴적이라고 말할 수 있습니다. 선승들이 우상 파괴를 위해 내세운 것이 공(空)입니다.

에고(ego)는 공인 것입니다. 즉 아무것도 아닌 것입니다. 명문대나 명품도 실체가 없는 공일 뿐이죠. 지역과 민족도 공입니다. 인종과 성도 공인 것입니다.

그런데 문제는 이 공을 다시 실체화하는 것은 새로운 우상을 세우는 것입니다. 이 우상의 이름이 금욕주의와 같은 허무주의이죠.

이렇듯 새롭게 우상을 세우기를 거부한 비트겐슈타인의 철학도 니체나 푸코와 마찬가지로 한계와 위반의 실험적인 삶의 철학입니다.

선승들은 이런 우상 파괴를 실천하기 위해 기이한 언행들을 합니다. 그들의 언행은 "숨 막히는 돌연성, 눈 부시는 섬광, 귀를 터뜨리는 듯싶은 고함, 경악할 돌발사, 신비한 공안, 이성의 피안으로의 도약, 감질 나는 유모와 기행, 형언하기 어려운 심장의 맥박"(오경웅, 『선학의 황금시대』)으로 가득합니다.

비트겐슈타인의 기이한 언행에서도 선승들과 같은 특징들을 찾아볼 수 있습니다. 특히 그의 섬광과도 같은 번득이는 통찰의 직접성과 단순성은 선승을 그대로 빼닮았습니다.

그의 수수께끼 같은 말을 예로 들어보죠. "삶의 문제의 해결은 이 문제의 소멸에서 발견된다. 이것이, 오랫동안의 회의 끝에 삶의 뜻을 분명하게 깨달은 사람들이 그 뜻이 어디에 있는지 말할 수 없었던 이유가 아닐까?"

비트겐슈타인의 이 말은 현실과 이상의 이원론을 부수는 해체적 망치입니다. 이는 문제가 해결된 이상적 상황에 대한 그리움과 집착을 점진적으로가 아니라 단박에 부수는 언명이죠. 이는 직접 생동하는 삶을 드러내고자 하는 직접성의 정신의 표현이지요.

그런데 이러한 삶의 뜻을 언어화하는 순간, 그 뜻은 다시 실체화되어 문제에 빠지게 됩니다. 이런 이유로 생동하는 삶과 그 뜻은 말로 표현할 수 없습니다. 그러나 삶은 드러나죠. 그래서 삶이 신비스럽습니다.

드러난 삶이 신비스럽다는 것은 일종의 경고의 표지판이지요. 이는 이미 드러난 진리를 다시 새로운 우상으로 세우지 말라는 뜻입니다.

비트겐슈타인은 능동적인 자기 긍정에 도달하기 위해 엄격한 자기 부정을 요구합니다. 즉, 언어라는 사다리를 버리라는 것이죠.

비트겐슈타인은 자기 부정적 자기 긍정을 다음과 같은 비유로 보여주고자 합니다. "나의 명제들은 다음과 같은 점에 의해서 하나의 주해 작업이다. 즉 나를 이해하는 사람은, 만일 그가 나의 명제들을 딛고서 나의 명제들을 넘어 올라간다면, 그는 결국 나의 명제들을 무의미한 것으로 인식한다. (그는 말하자면 사다리를 딛고 올라간 후에는 그 사다리를 던져 버려야 한다.) 그는 이 명제들을 극복해야 한다. 그러면 그는 세계를 올바르게 본다. 말할 수 없는 것에 관해서는 침묵해야 하다."

이러한 우상 파괴의 정점이 대승불교의 대표적인 인물인 비말라키르티(유마, 또는 유마힐)의 침묵에서 잘 드러납니다. 언어가 아닌 침묵이 실상(實相)을 드러내죠. 선승 원오는 이러한 불교적인 특징을 선불교의 혁신적이고 창의적인 정신을 가지고 다음과 같이 표현합니다.

> "똑바로 그대의 마음을 찾아내라(直指人心).
> 나의 가르침은 특이한 것으로 경전에 구애되지 않고(敎外別傳),
> 진정한 마음, 그것을 전할 뿐이다(單傳正印).
> 선은 문자나 글이나 경전과는 관계가 없다(不立文字).
> 선은 그대가 단숨에 실상(實相)을 포착하여 거기서 평화로운 안식처를 발견하기를 바랄 뿐이다."

선승은 공을 깨닫고 공의 공함도 깨닫는 이런 철저한 부정의 정신을 통해 바로 긍정으로서의 완전한 지혜의 완성(반야바라밀다)에 이릅니다.

대승불교의 대표적인 이론가인 나가르주나(용수)에게 공에 대한 깨달음으로서의 실천은 어떤 다른 완성이나 목적(우상)을 제시하지 않는 것이죠. 그는 완성과 목적도 다시 부정해 버려요. 그렇다고 공이 허무를 뜻하지는 않아요. 이런 이유로 공을 강조하는 불교 철학인 공론(空論)도 니힐리즘이 아니지요.

도리어 공론이 말하는 침묵은 중생들의 삶의 질병을 치유하기 위한 사랑의 실천이지요. 붓다는 어느 곳에서든 누구에게도 어떠한 말도 하지 않았다는 것은 침묵 속에서 자비행을 실천했다는 것을 의미하지요. 이는 지혜를 위해 높은 고원으로 상승한 후 다시 현실로 하강함을 뜻하지요.

이런 이유로 불교에서 깨달음과 자비는 둘이 아닌 것입니다. 깨달음의 표현인 침묵이란 바로 자비로운 보살행이 되지요. 침묵이란 냉소적인 판단중지가 아니라 일종의 희망에 찬 결의입니다. 이것은 절망이나 의심의 태도가 아니지요. 침묵은 결의로 가득한 확정적 언어인 것이지요.

이런 이유로 나가르주나는 붓다가 한마디도 말하지 않았다고 단언한 것입니다. 여기서 침묵이라는 비유는 언어의 길을 펴줌을 통해 삶의 길을 드러내는 것을 의미합니다.

이렇게 삶의 길이 드러나면 기존의 길로부터 변화 또는 방향전환을 하게 되지요. 이 변화가 치유(治癒)이지요.

이런 이유로, 말할 수 없는 것에는 침묵해야 한다는 말의 의미는 다음과 같습니다. 즉, 침묵은 그냥 철학의 포기가 아니라 삶(또는 삶의 방향)의 변화를 적극적으로 하도록 요구하는 길의 안내판(이정표)입니다.

새는 알에서 나오려고
투쟁한다. 알은 세계이다.
태어나려는 자는 하나의 세계
를 깨뜨려야 한다.
새는 신에게로 날아간다.
신의 이름은 압락사스.

비트겐슈타인의 말들은 이를 잘 예증합니다. 그는 "내가 믿기에
는, 기독교가 말하고 있는 것은 무엇보다도, 모든 훌륭한 가르침들
이 아무 소용이 없다는 것이다. 삶이 바뀌어야 한다는 것.(또는 삶
의 방향이 바뀌어야 한다는 것.)"이라고 말하기도 하고 "방향 전환이
이루어지면, 우리들은 그 방향 전환을 계속 유지해야만 한다. 지혜
는 열정이 없다. 이에 반해서 키르케고르에 의하면 믿음은 열정"
이라고 언급하기도 하지요.

그러나 여기서 말하는 지혜는 (불교적인 지혜의 완성이 아니고) 이
성적이고 언어적인 깨달음입니다. 이러한 지혜만으로는 삶의 길
을 방향전환하기에 부족하죠. 그래서 그는 이러한 "어리석은 지혜
는 삶을 은폐할 뿐(지혜는 작열하는 불을 덮어 버리는 차가운 회색 재와

같을 뿐)"이라고 단언합니다.

지혜로 깨달음을 얻으면 삶의 방향이 바뀝니다. 이를 지속하고 확대하려면 지혜만으로는 부족하죠. 바로 열정이 필요합니다. 수학과 논리의 한계를 끝까지 탐구하던 그가 그 끝에서 삶의 실상을 보고 자신을 찾은 것입니다.

여러분도 니체와 장자, 푸코와 들뢰즈, 비트겐슈타인과 선사, 그리고 헤세와 데미안이라는 사다리를 버릴 줄 알아야 합니다. 물론, 먼저 이들과 씨름하며 사다리를 올라선 후에 말이죠.

제4기 〈18세를 위한 철학 캠프〉 프로그램

* 이 프로그램은 일정과 커리큘럼이 다소 변경될 수 있습니다.

컨셉
- 철학과 놀자! 18세와 통하는 철학 학교
- 존재, 인식, 가치, 아름다움에 대한 이론 강의
- 철학적 혹은 창조적 사고 기법을 연습(예화, 만화, 이야기, 그림 등을 통한 연습)

기간
- 2013년 6월 1일~7월 27일(매주 토요일)
- 1박 2일 철학 캠프 8월 3~4일(토, 일요일)

대상
- 16세~18세 대한민국 청소년이면 누구나 참가 가능

장소
- KT&G 상상마당 홍대 및 논산

〔커리큘럼〕

1강 "없는 것은 없는 거라구?": 파르메니데스와 플라톤에게 말린 이유

2강 찬찬히 살펴보기: 관찰과 분석

3강 "네가 아는 게 진짜야?": 소크라테스, 베이컨, 그리고 데카르트

4강 감각을 넘어서 개념화로: 패턴화와 종합

5강 "이익을 추구하는 게 나쁜 거야?": 벤담, 칸트, 그리고 루소

6강 타인을 느껴보기: 감정 이입과 공감

7강 "도대체 뭐가 아름답다는 거야?": 어제의 아름다움과 오늘의 아름다움

8강 "당신의 판단은?": 판단의 연습

철학 캠프 특강

• **영화와 만난 철학**

〈쿵푸 팬더〉와 노장 사상

• **철학이 만난 애니메이션**

다양한 문화와의 공존: 〈아주르와 아스마르〉

열여덟을 위한 철학 캠프

철학에 눈뜰 때, 멘토들과 함께 문학 고전을 읽다

1판 1쇄 발행 2012년 7월 25일
1판 4쇄 발행 2014년 8월 1일

지은이 | 정준영 · 박민미 · 박민철 · 서영화 · 이순웅 · 김성우
기획 | KT&G 상상마당 · 한국철학사상연구회 · 프레시안
펴낸이 | 조영남
펴낸곳 | 알렙

일러스트 | 최은선
디자인 | 최진규
인쇄 | 대덕문화사
제본 | 바다제책

출판등록 | 2009년 11월 19일 제313-2010-132호
주소 | 서울시 마포구 합정동 373-4 성지빌딩 615호
전자우편 | alephbook@naver.com
전화 | 02-325-2015
팩스 | 02-325-2016

ISBN 978-89-97779-02-4 03100

* 책값은 뒤표지에 있습니다.
* 잘못된 책은 바꾸어 드립니다.